JN064687

読者が自動書記で描いた「天津の神様」

読者の前に現れたツガイのハト神使

・表の写真は、読者が本年２０２０年（令和２年）のお正月に麻賀多神社に参拝した後に、自動書記により一気に描いた、大きなパネル３枚にわたる天津の神様です。日本を、そして日本人を厳しく見守っておられます。

２０２１年からの大峠に備えて、天津の神様の再起動が始まっておられます。また、誰かの腕を使って、天意を書かせることでしょう。

・この写真は、別の読者が東京都目黒区八雲の八雲氷川神社に参拝した時に、見かけた二羽のツガイの鳩です。読者は毎日、八雲氷川神社に参拝していましたが、仕事の都合等で参拝を何日か休みますと、通勤途中や自宅周辺にも二羽で姿を見せるようになりました。神様がおられる神社は、現代でもツガイの動物たちを、読者を、お使いになられます。

この八雲氷川神社は、東京のど真ん中にあるにもかかわらず、まさにスサノオ神の神気が鎮まる神社です。多くの参拝により、東京湾に地龍や台風が来た折には、千葉県成田市台方の麻賀多神社、富津市の沿岸に近い神社群と共に、抑え込むことでしょう。

宇宙万象

第4巻

伊勢白山道

電波社
denpa

宇宙万象

第4巻

目次

第一章

宇宙の中心に生きる「黄金の世紀」が到来します

第二章 願望よりも感謝です

第三章 自分が「出す」気持ちが、自分を助けます

第四章
現実界だけが反射を生むカガミの世界

第五章　伊勢白山道への質問〈Q&A〉

※この巻には、「伊勢白山道」ブログの、二〇一〇年八月・九月の記事と二〇一一年十月・十一月、二〇一三年五月～七月の再検証シリーズ記事を編集・加筆して収録しています。

本文イラスト　ミズイ ヨウコ
造本・装幀　岡 孝治

第一章

宇宙の中心に生きる「黄金の世紀」が到来します

1 生まれた時点で祝福

よく掃除された神社の参道を歩くことは、霊的な浄化の過程であり、すでに最高の御祓いであり、とてもスピリチュアルなことなのです。

良い神社ほど参道は長いものです。ただ、ムダに歩かせているわけではないのです。

参道の正中（道の真ん中）を「意識して」歩くことは、無言の教えに満ちています。釈迦が達した悟りの精神である中道（すべてに偏らず、執着しないこと）と同じ意味があります。

真ん中を見ながら人生を歩いて行くのが、その人にとって結局は最善であり、幸福への最短となります。真ん中では面白くないと、極端を目指すのもよいですが、それでは継続はしないのです。

神社の参道は、正中を意識しながらも、実際に歩くのは参道の中央は避けて歩きます。正中の真上は歩きません。

参道の行きと帰りで、一つの人生を霊的に表しています。

しゃべりながら行くのも人生。無言で真剣に歩くのも人生です。

ただ、神気のある参道では、自然に何となく無言で歩いているものです。

神社の参道（生まれ直すための産道）を通過すれば、参拝の意義の半分以上はすでに終了しています。

最後のシメは、本殿で手を合わせて感謝をする。つまり産道を通過して、コノ世に自分が生まれたことに感謝をします。これが、その人の運気を正常にククリ直し、運気を高める最善で最高な方法です。

自分が生まれた奇跡を、恨み、ひがみ、アタリマエの当然としていては運気が上がりません。ましてや、あれを欲しい、これを叶えて欲しいと、命を生み出す存在（神様）に言ったり思ったりすることは、神様と自分との間（あいだ）が抜けていている状態となりダメなのです。

普段の自分の感情も同様です。今があることにまず感謝をすることがないと、今と未来の間が抜けていることになるからです。

神様と自分との間に空白を創れば、その上には何も積み上がらないのです。

「生かして頂いて　ありがとう御座位ます」と原点（神）に対して感謝を捧げれば、いくらでも神様と自分との間は埋まっていきます。

現状が苦しくて悩む人は多いです。でも、その苦しみも期間限定であり、必ず終わる時が来ます。

人間は、宇宙の始まりから切れなかった遺伝子（＝先祖）の流れの結晶体として生まれます。その切れなかった遺伝子の流れをさかのぼった先には、神様が存在します。

私たちはもうすでに、生まれた時点で神様と一体なのです。

では、今に体験している色々な思いは何でしょうか？

新たな始まりを自分が創造している最中なのです。どんなに苦しくてミジメでも、自分が生かされている原点（内在神）への「感謝」と「思いやり」を忘れなければ、絶対に大丈夫です。

この継続は、お任せ（＝カンナガラ）の心境（しんきょう：神の鏡）が発露していきます。

必ず真の幸福（心の安心）を垣間見ることでしょう。

静かに微笑みながら、人生を静観して、何事にも感謝をして生きれば絶対に大丈夫です。

神様と先祖霊からの「一押し（ひとおし）」の応援が起こります。

なぜなら、〝生きる間は〟いつも内在神とつながっているからです。

生かして頂いて　ありがとう御座位ます

［生まれた時点で祝福　二〇一〇年九月三日］

2 過去記事再検証の新しい試み

（前項の感想）

新しい読者が増えていますので、これから去年（二〇一〇年）の秋頃からの過去記事を再検証していきたいと思います。

手抜きですか〜？　いえいえ、仕事が忙しいのは事実ですが、去年の秋頃からの色々な意味での時節の変化が人間に重要だと感じたからです。この変化に漏れがないように、一人でも多くの人々と時間を共有したいと思いました。この記事は、去年の秋の初めからという意味で取り上げました。

今、この記事を見直しますと、題名に漏れがあります。

「〝すでに〟生まれた時点で祝福なのです」とするべきでした。

参道の歩き方は、人それぞれで良いのです。参道とは、人生のことです。つまり、参道を歩いているということは、〝すでに〟神様の本殿に向かって歩いているのです。生きる人の全員が、参道に入ることを許された人なのです。

行きの参道は、鳥居を入り本殿の神様に向かって歩いており、帰りの参道は神様に参拝後にまた社会に出て行くのです。

これをさらに大きな視点で考えますと、

＊人は人生の参道を歩いて行きながら老いていき、死を経て神様の世界に帰り、そしてまた転生してコノ世に誕生して行く。

行きの参道（今の人生）には、色々なことがありますが、それでも良心（内在神）と共に歩いて行きましょう。

参道を歩けば、全員が必ず神様の本殿へと辿り着きます。どんな歩き方でも大丈夫です。

生かして頂いて　ありがとう御座位ます

［新しい試み　二〇一一年十月十八日］

3　ある老人の一日一生な生活

廃村になりつつある集落に、一人で住む老人の話を知りました。九十歳に近い老人は、かつて都会に暮らす息子の家に、数年間だけ住んでいました。

本当は、息子の家がある都会で死を迎えるのが、家族にも迷惑がかからずに自分にも最良だと思っていました。

しかし都会では、外をトボトボと歩けば自動車が危ないし、大好きな畑仕事もできませんでした。家にこもってテレビを見ても、もう視力と聴力が衰えていて意味がわからず、まったく面白くなかったのです。

一日中、部屋にいるだけで、考えることは早く死ぬことばかりとなってしまいました。もう、これでは嫌だとなり、数年前に家族の反対を押し切って、死を覚悟して一人で寒村へと戻られたそうです。

それから、老人の真剣な生活が始まりました。とにかく誰もいないのですから、転ぶだけで、そのまま死んでしまうかも知れません。注意しながら、今日が最後になるかも知れない一日一生な生活が始まりました。

毎朝、日の出と共に起床し、今日は何を食べるかを考えることから始まります。朝食を食べ終わると部屋掃除をし、今度は昼食の準備です。昼食が終わると、今度は大切な食料を作る畑仕事です。そして、夕方になると薪(まき)を燃やして風呂を準備し、夕食を作って食べると、もう疲れはててバタンキューです。

テレビを見ても聞こえないし、誰とも会えないのですから、自分の生活だけを真剣に見つめておられます。老人は、この生活が「最高に楽しくて仕方がない」と明るく言います。

毎日、自分の死を覚悟して見つめて生きていますと、朝に目が覚めると「ああ今日も生きているのか。有り難いことだ」と心から思うそうです。

そして、外の畑や山々の景色が、本当に光り輝いているのが薄い視力でわかるそうです。

これは、老人の生活自体が「禅」であり、働きながら本当の瞑想をしている状態となるのです。

お金を徴収して、「わざわざ座る形」の瞑想は、ただのヒマ人の道楽に過ぎません。座ろうと〝する〟時点で、本当の瞑想から外れています。その継続は魔境にしか行けません。

「生きているだけでも有り難い」と、真から思えるようになりますと、人間は精霊の気配を感じ始めます。そして、弱者からの弱い思いの電波にも、思いやりからの理解をすることができます。これがカンナガラ（神と共に生きること）な生活をさせ、無難に生きて行くことを可能とさせます。

つまり、「生きられるのがアタリマエだ」なんて慢心した心では、正しく色々な気配にも気づくことができないのです。そして、不満な状態へと自ら選択して進むことになります。

雑多な都会の中でも、「生かして頂いて　ありがとう御座位ます」の視点で、生きることができれば最高です。

綺麗な大自然のお膳立てがなくても、汚れた雑多な中でも「意識」できることが尊く、深い気づきへと導かせます。

生かして頂いて　ありがとう御座位ます

［真剣な生活は凄い気付きに　二〇一〇年九月十七日］

4 数字は1しかなかったのが真相です

（前項の感想）

この老人の心境は、「一日一生」です。一日一生とは、

1．今日が最後の日だと思い、悔いのないように懸命に生きること。

2．人間は八十年を生きるとしても、一日＝八十年生きる、にもなり得るのが、この宇宙の真相であること。

アノ世では時間がありませんので、人間の生き方によっては八十年生きても一日しか生きた意味（価値）を持たない人と、一日しか生きなくても八十年生きた価値を持つ人、この両方が可能であること。

3．一日一生とは、今の瞬間瞬間を生きることに感謝すること。

この時、その人は宇宙の中心になっています。今の科学では、宇宙の限界点や起点を特定できないのは、宇宙の中心一つだけを考えるからです。

中心など宇宙にはないのが真相です。無数の中心(起点)の集合体が宇宙全体だからです。七十億人の人間がいれば、宇宙の中心も七十億あるのです。中心の集合体が、たった一

つの宇宙を形成しています。

だから、宇宙のどこを切り取っても、宇宙の中心なのが真相です。

今日二〇一一年十一月一日〜十一日は、

1．右脳と左脳の統合が進み、第三の脳（意識）を人類が持ち始める起点。

2．内在神と外在神の完全分離と淘汰。つまり、自己の中に神を求める視点を持たないと、様々な宇宙法則に逆流する（乗れない）時節に入ります。

他者・モノ・外在に依存する精神の人間は、心が病みだしますので注意です。これから心の病（やまい）が加速的に増加する可能性があります。

逆に、第三の意識の発露を持つ、深い大安心の精神を維持する人間も社会の中で増加します。人類の二分化の始まりです。自分の先祖（＝遺伝子）と、内在神を信じることがカギです。その人間を助け、進化させます。

3．「1と多数」という数の論理の破壊が現実界に転写してきます。積み上げる数字などは、幻想だったのです。数字は、1しかなかったのです。これの反映が、経済から起こり（怒り）だします。

この十一日間は、宇宙の十一次元が一つの今の次元に反射を始める起点の期間です。これから一年間をかけて、前記が森羅万象に転写し始めるでしょう。

伊勢白山道がネットに出て、五年が経とうとしています。〝自分でする〟先祖供養（遺伝子へのケア）と、自分の心に内在する神様に意識を向けることが、大きなテーマです。この意味が、これから結実を始めます。

今、自分の心が苦しい人は、自分の先祖（遺伝子）と内在神を信じましょう。これを知った人は、大丈夫になります。知識の縁が、その人を助けます。これは、来(きた)るべき黄金の世紀への序章の始まりなのです。

生かして頂いて　ありがとう御座位ます

［一日一生の数字が実現する黄金世紀の到来　二〇一一年十一月一日］

5 今日は立秋の節分

節分とは、季節の変わり目のことです。つまり、立春・立夏・立秋・立冬と、年に四回ある季節の区切りの前日が節分です。だから節分は、年に四回もあるのです。立春の節分(二月三日頃)が有名ですが、今日八月六日も立秋の節分です。

節分、つまり節を分ける日に、広島に原爆が落とされたのは、非常な地球レベルでの因果を感じさせます。

これは、はるか昔の太古に、太平洋に存在した浮島の大陸(ムー)の前文明が滅んだ時の転写です。今でいう巨大な原子炉が、内部の人間の悪意によって暴走・爆発したことにより、浮島の大陸が海の藻屑と消えました。その直前に船で逃げ出した人々は、ハワイ、イースター島や、赤道の南方方面に散らばりました。日本に辿り着いたのは伊勢志摩地方でした。その人々は、伊雑宮(いぞうぐう、いざわのみや:伊勢神宮内宮の別宮)とも関係します。

地球には、このような悲劇のリピート再生が繰り返す法則があるのです。

ヒロシマとは「ヒロめるシマ国(=日本)」だと、神示では示されます。この意味は、広島は長崎と共に平和を世界に訴える任務があるのです。もし人類が、広島・長崎に投下された原爆の実害を知らなければ、より安易に原爆を世界中で使用したことでしょう。

核兵器で戦争に勝ったところで、その後半世紀を過ぎても人間に被害を与え続ける兵器とは、逆にその地を占領する価値をも消してしまうのです。

これに気づいたアメリカは、今後は核兵器を減らす一方でしょう。もうすでに、宇宙からのピンポイント攻撃の兵器を確立しているからです。これに気づいていない国だけが、核兵器に執着しています。今後に起こる地殻変動により、核兵器を持つ国は自国を壊すことにもなるでしょう。

原爆で亡くなった多くの犠牲者たちをアノ世で安らかに生かしめるのは、その死の教訓をムダにせずに、多くの人類が代わりに生きることです。その犠牲者たちを忘れない限り、共に生きていることになるのが霊的な世界です。

今朝はいつもと違い、黄泉(よみ)の国（死後の世界）からの黄色い光が国土に降りていました。今回の節分は、今までとは違い、特別な区切りを示しています。いよいよ他次元からの転写が加速する、霊的な段階が進むようです。正しく善悪の精算が、個人レベルでも組織レベルでも起こり始めます。

感謝の先祖供養とは、自分の遺伝子のククリ直しと和解でもあります。これからの人類に、自分の家系の遺伝子（＝霊線）の状態が、より肉体と現状に現れていくことになります。人間は、先祖と一本の線でつながるから誕生していることを忘れてはいけません。先祖も共に生きているのです。

今朝、家族と先祖供養のために線香の火を点けましたところ、線香の煙が朝日に照らされて、五色の雲のように虹色に光ってたなびいているのを全員が見ました。三十年間ほど伊勢白山道式の供養をしてきましたが、これは初めて見た光景でした。先祖と神々の喜びの意志を感じました。

これから、ますます感謝の気持ちが発露する時代が始まります。

生かして頂いて　ありがとう御座位ます

［今日は立秋の節分　二〇一〇年八月六日］

6 平和が来る合図に変えましょう

自然界の変調が起こっていますが、日本ではまだ大難が小難で収まっています。

昨日、八月十日も一つの大きな霊的な節目でした。現実的にも、「八月十日前後には、地球を含めた七個の惑星がほぼ一直線に並ぶ」という現象が起こっています。また一つ、**人間の心へ向かう霊的なトビラ**が開いた感じです。

先週の末から朝に降りて来る神示は、非常に黙示録的な内容でしたので、要らぬ心配をかけない意味で書きませんでした。

1．日に千人の人々が災害で亡くなり始める合図（黄泉の国と現世の境界で、イザナミノミコトは約束を破った夫に「愛しい夫よ、あなたがそのようなことをなさるなら、あなたの国の人々を一日に千人ずつ殺してやりましょう」と言い、イザナギノミコトは、「愛しい妻よ、おまえがそんなことをするなら、一日に千五百人の子どもを生ませよう」と答えたという記紀神話との類似）。

2．月が赤く染まる日が増えると、太陽も黒点により「黒い太陽」に見える時が来る合図。この時の太陽電磁波は壮絶なものです。

3．赤い月の時は、もう一つの月を呼ぶための波動を送って誘導している合図。二つ目の月が現れる時は、次元をワープしたように突然に登場します。この時、社会の科学と価値観が大きく揺らぎます。

4．〇〇〇と×国の大地に太古から潜む、魂を食す親玉が太陽にいぶされて苦しみ始める合図。

大まかに表現しますと、このような内容を細部も含めて幻視で受け取っていました。まあ、このようなトビラが開く可能性がある合図だということです。確定ではないのです。これを、人間の心象世界で緩和し、穏便に流すことが可能なのです。多くの人間が「生かして頂いて　ありがとう御座位ます」の気持ちになれれば、社会は必ず良い方向に向きます。これが大自然にも宇宙にも反映するのです。

これが五パーセント運動の目的です。

人類の歴史を見ましても、平和な時間が続きますと、人類は自国の拡大と繁栄のために戦争を起こしてきました。これは逆説的に考えますと、軍備を支えることができる、機能している社会が背景にあるからこそ、戦争が可能だったのです。

しかし、自然災害が続きますと戦争どころではありません。

ただ、災害で苦しいがゆえの他国への侵略を起こさせないために、災害については援助をする国が必要なのです。その援助ができる国の一つに、日本がなれる状態が継続できることが必要です。

もしも国民が持つ想念が悪ければ、日本は逆に災害に遭いやすい国だと感じます。**それだけ太古からの意味と役目を持つ国柄だからです。**

日本の美徳は、製品の見えない部分にも思いやりやコダワリを持つ意識です。これが販売につながるのです。

だから、見えない先祖霊や地域の氏神様にも思いやりを持てる気持ちを、多くの人々が持てれば絶対に大丈夫なのです。必ず平和な社会が来ます。

生かして頂いて　ありがとう御座位ます

［平和が来る合図に変えましょう　二〇一〇年八月十一日］

7 知らなかったでは済みません

白山山頂より一人で下山していた男性が、先週から行方不明となっていましたが、昨日無事に発見されました。登山道から百五十メートルほど斜面を滑落（かつらく）した場所で見つかったようです。衰弱されているようで、後二日ほど発見が遅れていれば、危険だったと思います。離れた他県の人だと聞いていましたので、とても気にかけていました。白山神に対して男性の加護を思っていましたが、なかなか良い反応は降りて来ていませんでした。

やはり神山では、人間の何気ない排泄行為などが、場所により精霊の聖域を汚すことになり、逆鱗（げきりん）に触れることがありますので注意が必要です。もし用を足す時は、地面に謝ってからおこなうべきです。

男性は、朝方に捜索していたヘリコプターが、男性が所持していた懐中電灯に気づくという非常に奇跡的な発見でした。あの三県にまたがる広大な白山で、たった一台しかないヘリが、草の中の小さな明かりに上空から気づくとは、幸運だったとしか言えません。

白山は標高から誤解されて、近年は軽装で登山する人々がいるそうです。しかし、これは大きな間違いであり、雨具も含めたフル装備が必要な山です。登山道の距離は非常に長いですし、狭く滑落(かつらく)しやすい箇所があります。上からの落石も普通にありますので、軽いヘルメットなども必要です。また、熊が多い山でもあります。

白山に人間が登り始めたのは、泰澄大師(たいちょうだいし)が白山で修行を始めた、ほんの千三百年ほど前からの新しいことなのです。それまでは、地元でも神の山とされて畏(おそ)れ多く、登ろうとする者はいなかったのです。それが近年のパワースポットの流行や、伊勢白山道の影響（？）で登山者が増えています（キリッ）。

私がネットに現れた初期から書いていますが、登るよりも白山を遠方から遥拝(ようはい)することを好んでいます。もしかすると、もう白山登山を生涯しないか、登ってもあと一度ぐらいだと思います。

近年はテレビや雑誌の影響で、全国の聖域や御神体の山に立ち入る人が増えています。

「聖域＝運気が上がる」では決してないことを注意しておきます。

運気が上がるどころか、逆に寿命を縮める可能性が高いのです。

昭和に怖いもの知らずの行者で知られていた、金井南龍という宗教家がいました。彼は多くの有料先生を呪詛で倒したことと、聖域に立ち入る行為で、その筋では有名でした。

彼は京都の元伊勢（伊勢神宮の原型）とされる、鬼伝説で有名な大江山にある、三角形の禁足の神山とされる日室ヶ嶽に入りました。この御神体の三角山の中でも古来、絶対禁足の斜面があります。そこに入った者は、年内に必ず死ぬとされる斜面です。彼は、あえてその斜面から登頂して下山するという往復をしました。その年内には死にませんでしたが、その後から急に病弱になり、命が尽きるまで病とは縁が切れませんでした。

そこは鬼神の聖域でした。

やはり大自然の中には、人間を受け付けない精霊の世界が存在するのです。ただ普通の人には、それがどこなのかがわかりません。だから、昔から禁足地とされる場所には、素直に入らないことです。

近年では神社側が集金のために、わざわざ禁足地を有料で開放している所があります。しかし、これは宮司の無知ゆえの罪です。多くの人間が寿命を縮める可能性が高いです。宮司も死んでから、精霊の裁きを受けることでしょう。

皆さんも、「公的に認められている進入地＝精霊が許可している」では絶対にないことを知っておいてください。

素直な自己判断が、自分を救います。

生かして頂いて　ありがとう御座位ます

［知らなかったでは済みません　二〇一〇年八月二十二日］

8 感謝の思いが未来を変える

(前項の感想)

最近、富士山の登山料を取るか否か(いな)かが話題に上がっています。私は、絶対に取るべきだと思います。

学者が一人七千円の登山料を算出していますが、私は現実に五千円は最低でも徴収するべきだと思います。四人家族で、二万円です。これは大きな金額です。

この大金を払ってでも登りたい人間だけが、富士登山をすればよいと思います。富士山は、それに値(あたい)するだけの霊山です。

富士山がゴミや人間の排泄物で汚されれば、それだけ日本の未来も運気も穢(けが)されると思っておいたほうがよいです。

霊的に、富士山(女神の霊山)＝日本の象徴であり、その様相は国民の生活や女性性にも霊的に反射すると感じます。

そして、日本が色々な意味での霊的なヒナ型となり、世界の様相へも転写すると私は思っています。富士山は古来、女神信仰の霊山です。

今月（二〇一三年六月）に入りまして、富士山周辺で小地震が頻発しています。火山学者によりますと、二〇一一年三月十一日の東日本大震災直後から富士山の周囲の地域で地下水が噴出するという現象が発生しています。

これは水噴火という火山特有の現象であり、地下のマグマの圧力上昇は、最初に地下水を押し上げるとのことです。

今月に入って、水噴火で収まっていた状態から小地震へと、レベルが上昇しているのではないかと想像します。監視を強化し、これからの自然現象を注視し、地震や噴火を想定することが大切だと感じます。

読者から住まいの相談をよくされますが、私は数年前から太平洋に面した都市部、とくに関東については「賃貸」の利用を推奨していることを忘れないでください。何かあれば、引っ越しも可能だからです。

もし私が、マンションで選ぶ階数などを読者に返答していても、それは賃貸が前提であることを書いておきます。

住宅の新規購入は、あくまでも自己責任ですることです。

個人住宅については、首都圏の住宅密集地ではとにかく火災対策が大事であり、いつか大地震が起こる前提での生活設計が大切です。

一九九五年の阪神淡路大震災後に発生した大きな問題は、地震で壊れた分譲マンションをどうするか、という問題でした。

修繕にしても建て直すにしても、多額の費用がかかります。住民の合意が必要ですが、マンション購入の住宅ローンが残っている上にそれはムリだと反対する住民が必ずいます。世の中には色々な人がいますので、大地震が原因で住民同士の裁判や調停に十年も費やしたマンションがあったと報道されていました。

コノ世は、想定することで、色々な災難を避けることが可能です。未来は白紙です。

しかし、わかっていても、現実には動けないのが人間の社会生活です。金銭問題や仕事のために、これは仕方がないことです。その人間の人生から〝来る〟縁としか言えません。

だから、自分で無理なくできる想定と対策をしながら、現状の中でがんばって生活をしましょう。

すべては必ず過ぎ去って行くのですから。

生かして頂いて　ありがとう御座位ます

［感謝の思いが未来を変える　二〇一三年六月七日］

9 日々の霊的リセットが大切です

テレビを見ていましたら、どこか外国のリゾート地の展示館に置いてある椅子に座ると願いが叶うという噂が広がり、椅子に座るために数時間待ちの行列を作っているとのことでした。中世ヨーロッパ風の大きな普通の椅子でした。

「何を願いましたか?」とインタビューされた女性たちは、あれもこれもと指を折りながら説明していました。

ただの普通の椅子でも、何千人もの人間が座り、自分の欲望磁気を「置いて」いけば、その椅子が持つ霊的垢の磁気とは凄いものです。

私の目には、黒いタール状の欲望の霊的磁気(エクトプラズム)により、その椅子が覆われているのが観えていました。椅子から立ち上がった女性の後ろ姿には、黒いタール状の霊的垢が付着していました。

これでは願いが叶うどころか、必ず運気が落ちます。幸運の椅子どころか、不幸の椅子にすでに変わっていました。**その椅子に座った他の人たちが持つ**、色情・金欲・物欲・病気に霊的に感染することになります。

霊体が純粋な人間が、もしあの椅子に座りますと、吸い取り紙のように霊的垢を受けて、体調を崩すか病気になるでしょう。元々霊的垢を持つ人は、さらに心身の悪化が起こるでしょう。

つまり有名なパワースポットとは、「不幸になる場所」に変わっているのが実態なのです。伊勢神宮などは、日々の掃除と感謝を捧げる大勢の神官たちの神事と、感謝のみを捧げる一部の参拝者VS無数の欲望願掛け客の打ち消し合いが背後にあります。

このために早朝の参拝と、夕方の参拝では、感じる神気に違いが生じます。

ただ、伊勢神宮のように大勢の神官による真剣な神祭りが「できている」場所では、日々のリセットが今も順調にされています。つまり、霊的なリセットさえできている場所ならば、有名なパワースポットでも大丈夫です。

だから、展示館にある願いが叶う椅子などは最悪です。リセットがされていないので、霊的垢が溜まる一方となり、霊的実態は不幸の椅子となります。

私たちも自分の生活の中で、小さな霊的リセットをおこなうコツを知るだけでも、その人の人生は改善します。

1. 日常生活の中で、「生かして頂いて ありがとう御座位ます」と想起しながら働くことです。生死の原点から物事を眺めますと、小さなストレスを与えるような物事さえも、微笑ましく思えて「聞き流すこと」ができます。執着が生じないのです。人間は、生死の原点をすぐに忘れるので、執着や間違いを起こします。

2. 神界に今も共鳴している音である、万物を生み出す波動音「アマテラスオホミカミ、アマテラスオホミカミ」と、日常生活の中で繰り返し思うことです。霊的なリセット作用が大きいです。

3. なんと言いましても、毎日の感謝の先祖供養と神棚の水交換を実践することです。実践的な霊的リセットが起こっています。

「霊的リセット＝祓い」です。つまり、一度すれば済むものではなく、生きる限り日々継続すべきことです。

人生で失敗しても大丈夫です。
それを上回る善でリセットしていくのが人生です。
生きる限りは、リセットが可能です。

生かして頂いて　ありがとう御座位ます

［霊的リセットが大切　二〇一〇年八月十七日］

10 今の瞬間が「起点」ですよ

（前項の感想）

人間にとっての最大の霊的磁気の溜め込み装置とは、モノや石やアクセサリーではなくて、自分自身なのです。

「今の自分」の足を一番に引っ張るのは、過去の自分が溜め込んだ、または自分が他人に発射した過去の自分自身の思いなのです。

人間は、まさか過去の自分の「思い」と「行為」が、「今の自分」を妨害しているとは夢にも思いません。

だから、過去の自分自身が犯人（原因）だと気づけないので、常に他人のせいにしたり、自分以外の物事に原因を見つけるのに奔走（ほんそう）します。

すべては、過去の自分が出した「思いの磁気」の反射が今に反映しています。だから逆に言えば、今から良い思いの磁気を出していけば、未来は変わります。

多くの人間が勘違いして忘れているのは、**絶えず今の瞬間が「起点」だということ**です。

運命が決まっていると誤解する人の「起点」は、今ではなくて、遠い過去にあるのです。

これは完全に間違いです。

人間はあきらめた時点で、その思いの磁気が明日を形成してしまいます。


コノ世とは、カガミの国に迷い込んだようなものと思ってください。

カガミの前に立った瞬間に、今の自分が映っているのです。

だから、がんばる自分、良心の自分を、絶えず反射するカガミに映し続けるのです。

悪い自分を映そうと思えば、淡々とそうなります。

他人のせいではないのです。


今の瞬間瞬間を懸命に生きていれば、未来の自分もがんばっていることでしょう。

自分が貯めた磁気の**「流れ」**が、変化を起こし続けます。

神様でもこれを止めることはできません。

必ず「変わる世界」にと、神様が創造したからです。

変化が起こるのは、宇宙の法則なのです。

神様はむしろ、「流れ」を受け入れます。真のカンナガラなのです。

だから地球が滅ぶことも、有り得ます。

神様は自分が創った分神（人間）に、赤ちゃんのように運命を任せているのです。

要するに神様は、赤ちゃんのように人間を信じ切っています。しかし、人間は神様（親）を信じていません。

親は子どもを信じていますが、子どもは親を信じていないのです。しかし親（地球）は、子どもと共に死ぬ覚悟でいます。

人間は、すでにその覚悟の時期に来ている認識すら、いまだにできていません。まさに火宅（かたく）にいる人です（火宅とは、法華経の中にある、火炎に包まれる家の中で、それに気づかずに遊び続ける子どもたちの話）。

そろそろ人類は、自分が創造主の任務を任されているトリックに気づかなければいけません。

怖いほど完全な自業自得なのです。

どんな小さなことでも良いのです。一人の人間の中の「小事」が、実は宇宙の「大事」なのです。

自分が道路を掃除すれば、宇宙のどこかの共有空間が掃除されたと思ってください。

明日の自分を救うのは、今の自分自身なのです。

カガミのように寸分違わずに映り（移り）ます。

よし、自分も地球も救うぞ～。

生かして頂いて　ありがとう御座位ます

［今の瞬間が「起点」ですよ　二〇一三年六月十七日］

11 万物を生み出す波動音

アマテラスオホミカミという「音」は、宇宙の始まりから、すべての次元で鳴り響いている波動音だと感じます。

宇宙が始まるビッグ・バンの爆発が起こる前に、このアマテラスオホミカミの十音が発生。つまり十段階の過程を経てから、始まりの大爆発が起こったと感じます。

この十音には、いまだに物事を「生み出す」「再生する」威力が満ち満ちていると感じられます。

宇宙などという大げさなことがわからなくても、この言葉を思うだけでも自分自身で感じることがあるでしょう。

アマテラスオホミカミはローマ字では、AMATERASUOHOMIKAMI。

子音を取って母音だけにしますと、AAEAUOOIAI（アアエアウオオイアイ）。この母音の並び方に、波動を生み出す秘密があります。

天照太御神は、霊的には「アアエアウ　オオイアイ」と読めます。この「アアエアウオオイアイ」を繰り返し想起していますと、「ああ、出会う　大きい愛に」と、霊的に私には響いてきます。この偶然は、日本語が神界波動の音である一端を示します。

この十音は宇宙が始まる前に、根源的な存在が示した大いなる意志だと思うのです。宇宙を創った目的は「大きな愛が出会う」、つまり愛情が発生する様を根源存在は見たかったのです。

ここで言う「愛」とは、男女間の好きだ・愛しているウンヌンの愛ではありません。汚い物事・不幸・不運・戦争・喜び躍動する様……、起こるすべてに出会うこと自体が、何も無い「無」よりは**愛(いと)しいということなのです。**

つまり、不幸に出会えば、「ああ、来てくれたか。楽しもう」。

死病に罹(かか)れば、「ああ、とうとう来たか。怖いけれど次の世界を見に旅立とう。私に関わってくれた皆さん、ありがとう」。

このような感じで、不幸も幸福も、そもそも「起こること自体」が奇跡でありプレゼントなのです。

「何も無い」ことほど、辛くて寂しく冷徹な次元世界はありません。神様も嫌がるのです。

幸福でも不幸でも何でも起こってくれるのは、生きている「短い」今だけです。

何？　自分は不幸ばかりだって？

大丈夫です。不幸が起こって〝くれる〟ならば、幸福も必ず起こります。ただ、幸福に気づけずに、見落としているだけです。

選り好み(えごの)**しているから**、不幸が偏るのです。来たものは、何でもすべて有り難く食べる気持ちでいますと、禍福(かふく)のバランスが戻ります。**すべてが美味しくなるのです。**

現実的には、幸福も不幸も受け入れる心境に自分がなれた時、不幸は逆に去ります。

非常に苦しい中でも、小さな愛情を自分が（我）示せるのかどうか？

これができれば、あなたは愛に出会っているのです。宇宙を創った存在が見たかったものを、あなたは見せているのです。

生かして頂いて　ありがとう御座位ます

［何も無いよりも、マシなのですよ　二〇一〇年八月十五日］

12 一対一から、唯一の一に向かう過程が人生

（前項の感想）

「『ああ、出会う　大きい愛に』と、霊的に私には響いてきます。これは日本語が、神界波動の音である一端を示します。

宇宙を創った目的は、大きな愛が出会う、つまり愛情が発生する様を根源存在は見たかったのです。」

前項の記事を書いたのは、二〇一〇年の八月十五日です。終戦記念日です。

悲しい戦時中でも、小さな愛が示される場面が苦しい中でも色々な状況下で見られたことでしょう。

愛情に大小はなくて、どんな中でも他者への思いやりを示すことが、非常に価値のあることであり宇宙（神）が見たいことだと感じます。人間は、自分自身が愛情を発露させるために生まれて〝来る〟と真から思います。

愛情とは、自分が「受ける」ことばかりを考える間は苦しくなることでしょう。自分が小さな愛情（思いやり）を他者に出す一方の状態は、内在神から愛されることになると感じます。

コノ世は、自分が他者に出したモノが、逆に天から与えられる法則が貫徹すると感じます。自分が他者に怒りを出せば、いつか自分に怒りが戻って来る。自分が他者に愛情を出せば、いつか自分が愛される、慕われる。

金銭に関しましても、自分が他者に出したものは、長い周期では色々と形を変えながら自身に戻ると感じます。

ただ、いつ自分に反射するのか？　どんな形で返るのか？　すでに自分に戻っているのか？　が人間にはわかり難いだけなのです。

たとえ今生の自分に返らなくても、死後には必ず反射するのを感じます。コノ世の行為には、一切のムダがないのです。

それほど生きている短い間に、自分がする行為、自分が出す思いとは貴重なのです。
やはり、自分の良心が欲することをおこなうことが、非常に重要であり最善であり、奇跡なのです。

人間には悪事をする自由もある中でも、それでも自分の良心の欲することをおこなうことに重要なカギがあります。
この時、他者のことは関係ないのです。すべてが自分自身と、良心（内在神）との間のドラマなのです。他者を見ている間は、すべてが苦しく不満を生むように向く傾向が生じますので注意です。

コノ世の霊的真相は、自分の心と、内在神しか存在していないことです。宇宙は、真の意味では一対一しか存在していないのです。
自分に見えるすべての光景は、自分自身を成長させるためのオプション（付録・道具・期間限定・仮定・個性……追加条件）だと断言しておきます。

あなたが寝ている間は、本当にコノ世界は存在していますか？

コノ世の全員が、最後は眠りながら次の世界へと進みます。
コノ世のすべてに感謝をしながらです。

今日も自分に見える、自分を成長させる、自分を鍛えさせる、オプション（追加条件）を愛情の目で眺めて生きましょう。

生かして頂いて　ありがとう御座位ます

［1対1から、唯一の1に向かう過程が人生　二〇一三年六月二十日］

13 信仰の場所でのパフォーマンスは危険です

世の中には知らずに間違った神社の参拝や信仰の作法をしている人が本当に多いです。自分で良かれと思ってしていることが、自分の生命力や周りにいる人々の運気を削いで迷惑をかけているとは、無知ゆえにわからないのです。

これは個人だけではなく、集団の組織や教団も、代表者が無知ゆえに霊障に被曝する信仰を熱心にされています。

これでは、まったく信仰をしない人のほうが運気が強く、まだマシなのです。自分のオリジナル磁気を維持できるし、不要な霊的存在からの干渉を受けなくて済むからです。

では、何が問題かと言いますと、参拝や信仰の作法には、起承転結(きしょうてんけつ)があるということです。この中で、最後の「結び」が最重要なのです。この最後の結びがない、やりっ放しの信仰が、世の中の大半なのです。

参拝の基本は、二拝二拍手一拝（二回深いお辞儀をして、二回拍手を打ち、最後にもう一回深いお辞儀をする）です。この一番大切な最後の一拝を欠いた、結びの大切さを知らない、意識できない、信仰の作法や行法が多いのです。

神社や寺院、磐座（いわくら）などの信仰の場所や大自然の中で、祝詞（のりと）や御経、龍笛（りゅうてき）などの信仰楽器を奏上することは、その場にいる霊的存在を呼び出すことになります。

何百年、何千年と経過する場所には、必ず色々な精霊や怨霊、堆積した人の思念がウズを巻いているものです。この霊的磁気のウズを、昔の人は長物（ながもの）と呼び、龍神や蛇霊（だれい）と呼ぶこともありました。しかし、その実態は千差万別（せんさばんべつ）であり、神に仕える眷属もいれば、邪気が集合した怨念の長物もいるのです。これらは、**決して神様ではなく、その場所の神気に集まる霊的存在に過ぎないのです。**

信仰の場所では、基本の二拝二拍手一拝と感謝の気持ち（生かして頂いて　ありがとう御座位ます）だけで十分なのです。寺院でも、「生かして頂いて　ありがとう御座位ます」の気持ちでの礼拝が最善です。

これ以上の、知ったかぶりの作法やパフォーマンスは、その場の霊的存在に干渉することになります。

普通の参拝場所において、一般人が平服で龍笛を吹くなどは、非常に危険です。その場にいる、他の参拝者も危険にさらすことになります。

まず、本殿を守る眷属神から見ますと、不敬罪です。

伊勢神宮でも正式参拝（御正宮の御垣内参拝）は、正装していることが条件です。たくさんの寄付をしていても、男性はネクタイと背広を着用していなければ、御正殿前の審査で受け付けてもらえません。これは、何を見ているかと言いますと、**「神様への心づかい」**です。服装ではなく、神様に礼儀を尽くす本人の気持ちを見ているのです。

これは、眷属神が観ている視点と、完全に一致しています。神宮が、この仕組みをいまだに守っているのは、神の視点がわかる人が実際にいるからです。

つまり神前で笛を吹いて、霊的存在を呼び出すには、それなりの真剣な礼儀を尽くした上での気づかい・心づかいが必要なのです。

さらに問題は、**霊的存在を呼び出した後が大切なのです。**神前で龍笛を吹けば、その奏上した時間と同等な、帰す作法が必須です。

西洋魔術でも、悪魔を召喚（しょうかん）（呼び出すこと）した後、悪魔を帰すことができなければ死ぬとされています。悪魔を帰す呪文を知っていることが、術者の最低条件です。この帰す呪文が、秘中の秘であり、悪魔ごとに帰す呪文が違います。

この霊的仕組みは世界共通です。日本でも神霊を呼び出せば、その神霊をお帰しする言霊があります。この言霊は秘密であり、公開はされません。普通の教祖や有料先生は、神霊を帰す仕組みが必須であり、**それが存在すること自体を知りません。**

龍笛を吹いた後、ただの一礼をして帰ることは、その場にいる他の参拝者を危険にさらします。龍笛を吹いている間は、長物が神前から呼び出されて来て、本人や参拝者の間を長い蛇のような煙（霊的磁気、エクトプラズム）が巡回しているのを観ます。この状態のまま、一礼だけで切り上げるのは最悪です。「ちょっと、待て」となります。

呼び出しておいて終わり、ではダメなのです。

このような霊的背景がわからない人は、神前での個人プレーをする資格自体がありません。運気を落とす危険な行為です。

子どもがするコックリさん遊びでも、精神異常を来(きた)す事故が起こるのは、呼び寄せた霊的存在を帰さずに、途中で強制的に中断させた時です。呼び出したモノを帰すことが、一番大切なのです。最後に必ず、「コックリさん、どうぞお帰りください」と何度も言うことが大切です。

呼び出す一方の間違った無知な信仰が、世間には多いのです。

神社のお祭りなどに参加して、笛や雅楽を奉納しなければいけない人は、

＊終わってから心中で、感謝の御礼と、「どうぞお帰りください」と繰り返し、儀式の最後に思うことです。

＊神域を出る時にも、本殿前において、二拝二拍手一拝の最後の参拝をしてから出ます。

どんな信仰の場所でも、「生かして頂いて　ありがとう御座位ます」と生かされている原点への感謝だけを捧げることが正神へと通じ、自分の内在神に反射して運気が増すのです。その場の霊的存在に干渉する作法は、不要で危険なのです。

生かして頂いて　ありがとう御座位ます

［パフォーマンスは危険です　二〇一〇年八月二十日］

14 感謝磁気には天が呼応します

「霊的存在を呼び出した後に、それを帰すことが大変」とは、見えない世界だけでのことではありません。男女の出会いでも同じです。

恋愛の始まりは良くても、別れ話になった時にストーカー犯罪や傷害事件が起きることが現実にあります。恋愛中には見えなかった、相手の凶暴なサガが剥き出しになります。

（前項の感想）

霊的世界もこれと同じなのです。欲深な有料先生に連れられて、全国の名所・聖地を霊的に「眠る子を起こすだけ」のスピ行為で、〝知らずに〟荒らす人々が非常に多いです。最後に狂うのは先生ですが、それまでに多くの無知な一般人が犠牲になっています。貯金も、生命力も、家庭も、人生も運命も、すべてが破壊されます。

どんな名所・聖地でも、「生かされていることへの感謝」をすることが、その場所の精霊に対して最高の敬意を捧げたことになります。

ただ感謝の挨拶をおこなうことで、**霊的な幸運が「反射される」ことになります。**これ以外の一切の呪文も言葉もパフォーマンスも不要であり、むしろ厳禁なのです。

これと意味が違うのは、家庭でおこなう感謝の先祖供養です。遺伝子の連携の意味でも、常につながっているのが先祖霊です。そして、自分自身が嫌でもつながっているのが「縁ある霊」です。これらは「帰す・祓う・切断する」べきものではありません。切れば、むしろ自分の生命力に影響します。先祖霊とは、感謝を捧げて安心させて、昇華させるべき存在です。除霊や祓うべきものではないのです。

しかし、**自分の先祖供養さえも何かの害を心配するような人は、一切の霊的行為から離れるべきです。**まだ人間として未熟であり、**「自分だけが良くなりたい」**という自我が強いからです。自我は、悪魔を呼びますから、一切の霊的なものから離れたほうがまだ無難です。

ただ、人間が変わるには、進化するには、霊的な遺伝子（先祖）の整備・浄化がないと難しいです。自分の家系の霊線が太くなれば、運命などは勝手に改善します。

とにかく霊的に一番の大事は、自分に関わる先祖と、自分の右胸に住む内在神（根源的な存在）へ感謝をすることです。

人間の良心に宿る内在神とは、大自然の精霊を生み出した「親神」でもあります。内在神とは、元々の究極的な存在であり、キリストが天の父と呼び、釈尊が「無」と表現し、老子が「無為自然」「大いなる母」と表現した存在です。

この尊い究極的な存在が、すべての人間の右胸の中心から右へ三センチに宿っています。これを宿す人間が、神社で地域の精霊に感謝することは、精霊をより大きく活かすことになります。

だから、多くの人間が感謝の参拝を「するほど」、その神社の霊威が増します。

一昨日（六月十二日）の午後七時頃に、伊勢神宮内宮入り口の宇治橋鳥居の頭上に大きな虹がかかりました。日没寸前の光に鳥居は赤く染まり、辺りは神々しい空気に包まれていたそうです。

これは、十月に式年遷宮を控えた伊勢神宮に、多くの人々（内在神）が「生かされている感謝の気持ち」を捧げたことにより、堆積した磁気の「気」が大自然に反射して天が呼応した様相です。

大いなる存在は、大自然の見える様相でその片鱗（へんりん）と証拠を見せることがあります。このような、人間が感謝だけを捧げる聖地が、世界中に存在することが地球を安心させます。

生きている地球は、まだまだ安心していません。

今日も、大地への感謝をして生きましょう。

生かして頂いて　ありがとう御座位ます

［感謝磁気には天が呼応します　二〇一三年六月十四日］

15 みんな〝みなしごハッチ〟だった

人間が持つ、いつも不安な心、いつまで経っても満足できない心、理由のない飢餓感、異性や他人を求める心……、これらの原因は、自分の心が内在神（良心、母性）から離れていることにあります。

誰もが、本当の母親（内在神）から生き別れた霊的な孤児なのです。私たちは、生き別れた母親を探して旅をするミツバチの子ハッチのように、母性を求めて人生の旅をしているのです（アニメ『昆虫物語みなしごハッチ』）。

人類が生まれてくる大目的は、生きている間に、自分の心にいる本当の母性（神）に出会うためでもあります。

自分の内在神に気づく深さが増すほどに、前記の欲求はだんだんと消えていきます。そして、いつも安心した心となるのです。

まるで大きな母性に、いつも包まれた心境でいられます。

ところが、これに気づくのが難しいのです。

子育ては、親自身の母性を大きくして、親が自分自身の母性（神性）に気づくための霊的な行為です。育てられる子どもは、親から母性の片鱗(へんりん)を疑似体験する学びがあります。

親も子どもも、ただの親子関係だけではなく、**その先に**各人が母性（神）を意識することが魂のレベルでの本当の目的です。

要は、人類が生まれる目的は、自分に内在する神性（内在神）に気づくためにあります。また、そのために森羅万象が流れる法則があります。

だから、大きな流れに逆らわずに、日常生活の中で自分の母性（内在神）を意識する視点を持てばよいのです。そうしますと、日常生活の色々なことが流れだし、心の霊的成長も早まります。

性別にかかわらず人は、自分の中に母性（内在神、良心）を意識することが大切です。意識しない物事は起こり難いのが、コノ世の次元なのです。意識することが絶対に必要なのです。

子どもの頃から自分に内在する母性を意識した教育をされますと、その子どもが成人する頃には、愛情深い良い成人（聖人）になれる可能性は高いです。

では、どんな教育がよいのでしょうか？

生き物や植物を育てるのは、とても有効です。そして、それらの死を体験することにより、この次元の現実と肉体（物質）の儚さを認識していきます。

もう一つは、他人への「思いやり」「相手の立場に立つ」心を育てる教育が大事です。

今の新卒社員が役に立たないことがあるのは、他者への思いやりの欠如が大きい面があります。

会社の仕事は、次の工程への段取りが大切なのです。自分の分担だけを終わらせる意識の人間がいますと、全体では仕事が完了しないか、後で大きな問題となることがあります。自分の仕事の「後をする」人間を配慮した仕事ぶりが大切です。

このような、思いやり心の強い人間が多い会社や国は、発展します。売れる商品やヒントも、「思いやり」からドンドンと生まれます。

思いやり＝母性、つまり神様の心だからです。

国も「ゆとり教育」よりも、「思いやり強化の教育」をすれば、社会で本当に役に立つ人間を増やすことができます。

生かして頂いて　ありがとう御座位ます

［みんな〝みなしごハッチ〟だった　二〇一〇年九月二十日］

16 思いやる心は、すべてを改善させます

（前項の感想）

今まで日本製品が海外で良く売れた理由は、その製品に「思いやり」が込められていたからではないでしょうか。日本人から「思いやる心」が消えて行けば、資源のないただの貧乏な小国になるかも知れません。

日本人は、どんな宗教でも受け入れる〝何でも教〟の国民だと海外から言われることがあります。これは良く言えば、どんな所にも「神様の存在」を認める八百万神（やおよろずのかみ）への古代からの信仰が、遺伝子にあるからだと思います。

古来の日本神道は、大自然への「思いやり道」であったはずです。これが人間への商売道に変わってしまいますと、国土の住民からも「思いやる心」が消えて行くのではないでしょうか。

もしそうなれば、工業製品からも思いやりの視点が消え、販売不振からの貿易赤字へと連動することを想像します。また、色々な発明も、思いやりの心から生まれて〝来る〟と、

私は感じます。

もの言わぬ地域の無人の神社を維持できたのは、そこの住民に思いやりの心があったからです。

意外にも、その心が日本を裕福な貿易大国にしたと思います。

子どもの教育にしても、思いやりの心を育てることが、その子どもの人生に影響する最重要なことだと感じます。点取り教育よりも、本当の優秀な頭脳を育成すると思います。数学なども応用問題に入りますと、見えない部分を思いやる心が必要になっていきます。

この日本から、思いやりの心をなくさないことが、国民の運命を左右すると感じます。

ところで、X級の太陽フレアが発生しました。静止軌道電子のグラフは、まだ中程度のレベルです。ただ、今は動きだして、落差（電位差）が生じ始めています。電位落差が、ほぼゼロの期間が長かったです。これは地磁気の蓄積期間とも関係すると思います。

X級フレアの発生から三十一時間後は、明日十一月五日の午後十二時からです。これから、このグラフが最上域に行きますと、電波の通信状態の関係を含めて注意が必要です。

明日は週末ですから注意が必要ですが、これからは平日の朝方の防災意識が大切な感じもしています。

防災意識を持って静観すれば大丈夫になりますから、慌てる必要はないです。

しかも、これは日本だけの問題ではなく、地球全体での防災警戒です。太陽へ感謝の磁気を放射することは、とても良いことです。いつも通りに、平静にして明るく過ごしましょう。無難にします。

大自然にも「思いやり」を持って見ることが、天に通じて無難になると感じます。縄文人の信仰も、大自然への敬意と「思いやり」を持つことに秘儀があったと感じます。

思いやりの心は、物事を生み出すだけでなくて、天にも通じるということです。

生かして頂いて　ありがとう御座位ます

［思いやる心は、すべてを改善させます　二〇一一年十一月四日］

17 生かすも殺すも自分次第です

人間は生まれた時点で、いつかは死ぬことが確定しています。私たちは生と死の中間を、日々歩いています。

本当は、何も悩む必要なんてないのです。必ず消えてなくなるものばかりなのに、悩む必要など本当はありません。だから悩むよりも、どんなことも楽しむ姿勢と視点を忘れないことが大切です。

嫌なこと、苦しいこと、悲しいことがあるのは事実です。しかし、これも必ず変わって行き、終わる時が来ます。

苦しみや悲しみさえも、お笑いにして笑い飛ばすことができる人は、本当に強い人であり、カルマ（因縁）の刺激に勝利する悟った人だとも言えます。ただ、人前でこれを演じるだけではダメなのです。一人になった時にも、フツフツと感謝の思いに浸れることが本当の勝利です。

そもそも体験できること自体が素晴らしいと、「すべてに生かして頂いて　ありがとう御座位ます」の感動のテンションで生きることができれば、その人間の人生は輝きだします。まあ、することなすことが本当に良い方向に向きます。〝犬も歩けば棒に当たる〟ように、生きているだけで勝手に感謝すべきことが起こります。

なぜなら、失敗でさえも「生かして頂いて　ありがとう御座位ます」の心境ならば、どんなことも失敗ではないのです。失敗でさえも、そもそも体験ができるという「生の喜びという原点」へ感謝を自然とするのですから、失敗ではなく喜びになるのです。

現実的には、この心境で生きますと、問題が解決に向かうのも早くなります。

これらの正しさ、真実性を知りたければ、医師に誤診をされて余命が一ヶ月だと宣告され、入院すれば理解できます。**すべてが感謝すべきことだった**と、そして自分が謝るべき人間が大勢いることも思い出します。

また、定期検診に行くだけでも、人間を謙虚にさせます。病院の待合室で、多くの人生を垣間見ることでしょう。

神様の冒険と言いますか、神様の賭けとも言えるのですが、期間限定の短い人生だからという条件で、余りにも神様と同じ因子（創造力）を人間に与え過ぎたのではないかと、感じることがあります。

コノ世に親を殺す子どもがいるように、人間が神（内在神）をも殺しかねない、狂気じみた自由を人間に与えています。

過剰に悩み、自分を責め、悪い言葉を出すのはやめましょう。

もし、バカのように明るい言葉しか口から出さない決意をすれば、それだけでもその人の運気は変わります。

もし真面目に実行すれば、その人生もカルマも改善するでしょう。

脳内で思った悪いことを言葉に出すとは、それはミサイルの発射ボタンを押したのだと知っておいてください。脳内に他人への攻撃ミサイルを持つのは仕方がないですが（本当は持たないほうがよいです）、それを言葉に出したり書いたりして表に出した時点で、発射ボタンを押したことになるのです。

相手が受け取らなかった場合、命中しなかった場合は、「早急に」自分自身に戻って来て、

自分に命中します。

さらには、相手に命中して傷ついた場合は、自分自身も「時間を置いてから」傷つく因縁法則が存在します。

とにかく、何があっても、「生かして頂いて　ありがとう御座位ます」一本で、生きていけば絶対に間違いはないです。

コノ世どころか、アノ世でも通じる永遠のパスポートなのです。

生かして頂いて　ありがとう御座位ます

［生かすも殺すも自分次第　二〇一〇年九月十三日］

18 因果のメグリを逆利用する

（前項の感想）

自分の今までの人生を否定する人が多いです。しかし、**今の自分を造ったのは、昨日までの自分の思いと行動**なのです。それなのに、今も、自分の過去を呪っているようでは、明日も同じ自分のままです。

今から思いを変えれば、明日から変わって行く可能性があります。未来は白紙です。

＊今日の自分が、明日を創るのです。

他人や環境の「せい」にしている限りは、人間は成長できません。その中「でも」、生かされている感謝に気づいたほうがお得（徳）です。

これに気がついて「いけば」、そこから環境は動きだし変わるのです。人間には、それぞれに色々と問題があるでしょうが、「それでも」生かされていることに感謝を始めますと、嫌な因縁のクサリの切断が始まります。

結局は、自分の環境がダメだと思うのも、他人の環境と比較しているだけなのです。

神様の視点とは、今生だけのような短いスパンではありません。過去生も今生も通した視点です。その長い長い視点で個人を視た時、完全に公平に本人の思いと行動が人生に反射していると示されます。人間は短い期間の視点で切り取って見るから、不公平に見える錯覚をするのです。

因果(いんが)（自分の行動と反射）の法則は、一分の狂いもなく、コノ世に貫徹しています。だから逆に言えば、やりがいがあるということです。

自分が生きる間にしたことは、死後にも生きるのです。

でも、今の環境で何をすればよいのかがわからない人は多いです。

このような時こそ、先祖のための感謝の線香三本供養をしましょう。他者に対してした行為が自分に必ず返るのですから、先祖（遺伝子）に対しておこなったことも自分に返ります。

明日の自分を形成するのは、実は他者に対してした行為と自分の思いなのです。そのような仕組みに、コノ世はできています。鏡の世界であるのが、コノ世の秘密なのです。

神社も大きな鏡です。皆さんは神社に行き、自分の内在神を拝んでいるのが真相です。だから自分自身にお願い事を言い聞かせるよりも、感謝を捧げたほうが自分は良くなるのです。

自分に嫌なことが起これば、これで因果の昇華が一つ済んだと思えばよいです。他人に嫌なことをされれば、貸しを作ってあげたと思うことです。これを恨めば、貸したモノがまた自分に戻されます。

コノ世では、「自分は生かされている」と〝素直に〟思えるまで、すべてが嫌な方向に向くので注意しましょう。

これも、生きる短い間に成長させるための、神様の恩寵（おんちょう）（プレゼント）だと言えます。

とにかく難しく考えないで、自分の良心に沿って生きれば、それが最善なのです。

死後にも生きる生き方です。

生かして頂いて　ありがとう御座位ます

［因果のメグリを逆利用する　二〇一一年十月二十九日］

19 来るものは味わう

コノ世に魂が生まれ出る目的は、色々な「経験をすること自体」にあります。物事の成功や失敗、コノ世的な幸福や不幸という「途中の状態」には、本当の自分の魂（不死の存在）が求めているものはないのです。だから、必ず物事に飽きますし、何となく不安感は消えないのです。

コノ世だけで消える途中のものに、執着してはいけません。

だから成功している幸福な人でも、その「経験をさせて頂いている」という視点がなければ、本当の成功者ではないのです。その視点がなければ、執着するものが多い気の毒な魂となります。死後に苦しみます。

今が苦しくて他人から不幸に見える人でも、その経験を静観して楽しむことができれば、魂の面では成功している人だと言えます。

もっと言えば、見えない物事にも感謝ができることが、もっとも尊い生き方です。コノ世とアノ世を通して幸福な魂です。

日本では昔から「御蔭様で」と感謝を述べますが、これは真理です。**自分が知覚・認識できる物事のみに反応するのは、それはロボットであり、動物の霊性しかないのです。**

良いことがあれば、自分が知らない気づかない人々の働きの上でのことだと「思いやれる気持ち」が大切です。これを突き詰めますと、そもそも自分が生きて、色々な経験ができること自体が、見えない存在＝神からのプレゼントだとわかります。

悩む人々を観ていますと、この大切な経験をすること自体を避けよう、上手く逃げようとする方が多いのです。

魂が生まれて来る目的が、神示が示す「経験をするため」が真実ならば、これは恐ろしいことです。もし経験することを嫌がるならば、コノ世に存在する理由が薄れる方向に流れるからです。つまり死に近づきます。

だから、自分は不幸だ、運が弱いと思う人は、**自分のその現状で経験することを嫌がらないことです。**

自分が注意をしても起こることには「仕方がない」と覚悟をしましょう。

そして、それを静観するのです。

もしできれば、嫌な人物や物事に対して「良い経験をさせてくれるな」と、最初は嫌味でも良いから相手に向けて「生かして頂いて　ありがとう御座位ます」と感謝想起をしましょう。

物事は必ず流れ変わって行きます。

自分の現状を感謝の気持ちで味わう「覚悟」を決めた時から、その人に改善と幸運が訪れます。

生かして頂いて　ありがとう御座位ます

［来るものは味わう　二〇一〇年九月六日］

20 見えないことにも配慮しましょう

（前項の感想）

書いてから一年経って読み返してみますと、我ながらまあ立派な内容であり、この時の記事がおっしゃる通りなのですが、でもやはり痛いものは嫌、辛いことは嫌なのが人間です。自分の心の良心（内在神）を守るためにも、危険なことは避け、自分の心が「安心する」方向を歩くべきです。心が安心するとは、コノ世で一番に大切なことだと思います。

この雑多な世の中で、心を安心させることができていれば、それは人間としての真の勝利者かも知れません。貧富（ひんぷ）の差も関係ありません。

金持ちになれば、安心できるのでしょうか？

答えはNOです。逆に色々な懸念材料が発生する確率が増えますし、特にそれを「失くす恐怖」への懸念も新たに生じます。または、もっともっと何かを集めることに執着が生じ、それは心の安心とはほど遠い心です。

では、貧乏ならば安心するのでしょうか？

これもNOです。家族への責任があれば、生活費は必要です。家族を放っておき、自分一人が安心の心境などと言いましても、それは正しい心境ではありません。他への慈悲（愛情）や思いやりの気持ちのない安心感は、ニセモノです。

精神世界の求道において、他人への「思いやりの心」が消えて行くような修行は、それは魔道です。自分だけの自我（我良し）の魔境に入っています。

ただ、他人を援助すると言いましても、できる限界があります。だから、自分の心を乱さない範囲で精一杯の行為をすることが、**コノ世に魂（心）が生まれて来る意味だと感じます。**

「自分が知覚・認識できる物事のみに反応するのは、それはロボットであり、動物の霊性しかないのです。」

これは、何かをしてもらった時「だけ」サンキューと言うこと。してもらえない時は、言わない。これでは人間はダメなのです。悪い意味では、やられたらやり返す心境です。

会社には、縁の下で支えている人間がいるものです。人知れず早く出勤して、皆がすぐに仕事を始められるように自主的に準備をしてくれている人もいます。でもこのような良い人は、仕事の評価では目立たないものです。そこの管理職が、数字の評価しか見ない人間ならば、リストラされる社員かも知れません。このような社員を首にしていく会社とは、ダメになるものです。見える数字だけを見る能力しかない会社組織は、伸びません。

日本の企業が昭和に伸びた理由には、見える数字だけではなく、内容で評価する視点と、心で評価する上司が多かったことも関係します。ところが今では日本も、欧米式の数字だけを見て人間を判断する割り切り社会になりつつあります。

悩んだ時は、空を見上げてみましょう。雲が様々な形を見せてくれます。時には、飛翔する鳳凰（ほうおう）のような雲もあるものです。このように、高い視点、先の長い視点から今の自分を見てみれば、悩みの視点が変わることも多々あります。

では、飛んでみましょうか（ウソ）。

生かして頂いて ありがとう御座位ます

［見えないことにも配慮すること 二〇一一年十月十九日］

21 自分が生きた証（あかし）は経験

今の自分の状況の中でも、楽しむ視点を持つことが大切です。

「ああなれば、楽しめるのに」「こうなれば、きっと幸せなのに」と私たちは思いがちですが、実際にそれが叶っても、やはり満足はしていません。**必ず次の課題を自（みずか）ら見つけて、**悩みだしているものです。

今、この瞬間に、生かされている奇跡に感謝をできればよいですね。

心から生かされていることに感謝をした時、その人の細胞は躍動し、輝いています。すべての細胞が喜び輝けば、その全身が薄黄色く光るように見えます。

これが空海さんが提唱した即身成仏（そくしんじょうぶつ）、つまり生きながら聖なる仏になることです。仏像が金色に塗られる理由でもあります。

生かされている感謝に気づき、細胞が躍動している人間は、昔から薄黄色く光るように見えたのです。

要は、誘惑が多い雑多な社会の中にいながらでも、自分が「生かされている奇跡」を意識して、ダメで元々の精神で前向きに明るく生きればよいのです。

ダメで元々……。裸で生まれて来たのですから、いったい何を集めるために自分の心を痛めているのかを考えましょう。

死ぬ時は、集めたもの（人・金銭・財産・地位など）をすべて必ず捨てて行くことになるのです。だから集める時は楽しみながら、しかし**執着しないで**集めましょう。これが、コノ世で、たくさん集められる成功の秘訣の一つです。

つまり、私たちは経験という思い出ししか、アノ世に持って行けません。

今、あなたは経験をしているのです。その唯一持って行ける経験を、今しているのですよ。苦労や悲しい経験も、後になれば決して嫌な経験ではありません。**それだけ自分が真剣に生きたという証(あかし)だからです。**

でも、他人を傷つけたり苦しめたりした経験は、本当に嫌な経験として、死後に持ち越すことになります。

そのことで後悔して、自分が苦しみます。

今、自分が苦しい人は大丈夫です。他人を苦しめるよりも百倍良いことです。

逆に言えば、他人を苦しめる人を見れば、気の毒な人物だと思っていればよいです。

他人に与えた刺激は、良いことも悪いことも、必ず自分自身に返ります。善悪の刺激の相殺（そうさい）が、自分に残る刺激となります。

だから、罪を犯せば、それを上回る善を成す気持ちを持てば大丈夫です。

さあ、今日も良い経験を心に刻みましょう。

最高の経験は、この言葉の気持ちで生きることです。それは、

生かして頂いて　ありがとう御座位ます

［自分が生きた証（あかし）は経験　二〇一〇年八月四日］

第二章

願望よりも感謝です

1 よそ見は不要です

人間が不幸になる原因は、自分の心に存在する内在神に注意を向けないことが根底にあると感じます。

最高神が自分の心に「すでに」存在するのに、よそ見ばかりをしています。よそ見どころか、他人が持つ霊的なゴミ垢(あか)(奇異な能力、開運商品、マジナイ……)を良いものだと信じて、心身も金銭も捧げて安心している人が多いです。これでは運気が落ちるのは、当然なことです。

今、生きているのはいったい誰なのか？　を考えましょう。

他人を真似ても、絶対に幸福にはなれません。

世の中で成功している人は、他人の物真似をしなかった人物です。

要は、自分自身の内在神を信じられない人は、いつまで経っても安心ができないのです。

「では、心の内在神とやらを見せてみろ？」と思う人がいるかも知れません。

これは簡単なことです。

「では、あなたの良心を見せてください」

と私ならば言います。他人には、あなたの心を見ることができませんが、誰にも良心があります。

どんな人にも、良心は必ずあります。

良心が心の奥に隠れてしまった人もいれば、良心が顔に出ている善人もいます。

自分では色々と思っている心の存在を誰もが自覚しています。感情のない人はいません。

神様も同様に他人には見せることはできませんが、自分の心に必ず実在しています。

私は、人間の心に宿る「良心」が、神の実在であり反映だとします。

そして、自分の心と内在神からの反映が、コノ世の次元では「行為」として見ることが可能な反射を生み出します。

つまり、自分の心や内在神を見たければ、自分自身の行動を見ればよいのです。必ず今の本性と、そのレベルが現れています。

本当に高度な正神は見えない存在です。もし見える霊的な存在がいれば、それは現実界の振動数に降下させて同調〝できた〟存在なのです。つまり、コノ世のレベルに近い存在だということです。

もし奇異な現象を見た時は、気にしないのが最良です。なぜ自分がそれを見たのか？などと考えたり、意味を見出そうとする必要はありません。コノ世に近い存在だからこそ、奇異を見せます。高度な正神は、奇異を見せません。「正神に奇異なし」です。

私たちが他人と会えば挨拶をするように、見えた・感じた現象にもただ、「生かして頂いて　ありがとう御座位ます」と挨拶をしておけば間違いはありません。向こうから憑依・依存されることも恨みを買うこともありません。

自分の先祖と、内在神を信じる者は、自分なりに変わって行きます。

よそ見をせずに自分の心を見つめて、生かされていることに感謝をして生きましょう。

生かして頂いて　ありがとう御座位ます

［よそ見は不要です　二〇一〇年九月十六日］

2　地球の振動数上昇の波に乗りましょう

（前項の感想）

ここ数日間でまた、地球の振動数が上昇したと感じます。振動数が上がるほど精妙な世界、善なる世界、良心の世界になると感じます。

恨む心や他人を害したい思いは、振動数が低い心の振幅（しんぷく）を生みます。つまり、低い振動数の心で地球上にいますと、地球の振動数に合わないために、心が苦しくなるようになります。

肉体の細胞も、地球の振動数に合わないと劣化が始まり、免疫力が低下すると思います。免疫が下がれば、色々な病気の可能性が出てきます。

要は、地球（生命体）が選別を始めているとも言えます。

極論すれば、地球による自然淘汰が始まっています。近年の異常気象や大きな自然災害の始まりも、地球の振動数の上昇の始まりを意味しています。

こう考えますと、陰の支配者や悪い国家による陰謀論などは、地球による選別の前では陳腐であり幼稚なものです。必ず死ぬ、寿命の短い人間のすることなど、恐れることはありません。

地球上のどんな大金持ちでも、寿命の縛りを解くことはできません。

これから畏れるべきものは、地球です。

私が感じるには、悪い人たちも変わると思います。その視える様相は、ある日から突然に悪事を働くのがアホらしくなり始めるのです。

「私は、いったい何をしているんだ？」と我に返り始めるのです。これから世界中で色々なレベル、国家から組織、個人において起こり始めるのを感じます。この地球の振動数に合わなければ、その地域から自然災害による淘汰が始まると感じます。

また一部には、極端に悪に振れる人々も、最後の淘汰の前に現れることでしょう。

日本もいち早く大震災に被災しています。これは、いち早く人類の良心に目覚めるべき宿命を背負う国土だからだと感じます。

生きる細長い龍神の御神体が日本列島です。御神体の上にいるには、これから自分の良心の発露がないと、なかなか厳しい時節になると思います。

肉体が病むのは、誰にでも起こる道理ですが、心を病ませてはいけません。人間は、心さえ病まなければ、大丈夫なのです。生死を超える「生き通し（とおし）の存在」が、自分の心なのです。

だから、心が病みだしたと思えば、素直になって自分の良心に従うことです。

〝他人を害する思い〟が、一番に振動数が低くて悪いので、それを手放すことです。悪心を手放せば、必ず楽になっていきます。

これから、地球の振動数の上昇が、人類が悪心を手放すのを大きな力で後押しをしてくれます。みんなで、この波に乗りましょう。

行け行け、進め進め、彼岸（ひがん）（大安心の境地）の彼方（かなた）へ。

生かして頂いて　ありがとう御座位ます

［進め進め、進めば分かるさ2　二〇一一年十月三十一日］

3 自分が生まれた奇跡を信じましょう

科学者が試験管内で、原始地球上での微生物の誕生の過程を再現しようとしますと、有り得ないほどの確率の偶然が、連続して起こる必要があるそうです。それが連続して起こらない限り、微生物でさえも生まれないのです。

また、地球だけでの奇跡の問題ではなく、外部要因として太陽から届く光線が、あと一波長でも変わっていれば、地球には生命の誕生はなかったのです。月から干渉する重力も必須です。

今の宇宙を見回しても、見える範囲では地球以外は死んだ星ばかりです。微生物どころか、人間が生まれて、しかも喜怒哀楽を数千年間も継続できる環境とは、いったいどれくらいの奇跡の連続の確率で生じるものでしょうか？

神示では、「有り得ないこと」だと示されます。

有り得ないことが今でも連続して起こる確率の上で、今の私たちは生かされています。

紙でできたお金がないぐらいで、なぜ死ねますか？

オスとメスが離婚することで、死にたくなるのですか？

就職先がないことで、死ぬのですか？


コノ世に生まれ出るほどの奇跡を通過した魂が、そんな消えて行くことのために死んではいけません。まったく大した問題ではないのです。それらは簡単に変わる物事に過ぎないのです。


自分が心から望めば、絶対に何とか生きられます。

あなたが生まれるために通過してきた、「奇跡×無限大」の確率に比べれば、そのような悩みぐらいは問題ではないのです。

自分が世に生まれ出た奇跡をもっと信じましょう。

絶対に、生かされますから。


要は、奇跡の産物である私たちが、「自分から」生きようと望めば、いくらでも生かされるのです。死にたいと思えば、やはりそのように向くのです。

心に内在神を預かるのですから、いくらでもいかようにも創造（想像）する力を秘めています。

私たちは、諸刃（もろは）の剣（つるぎ）（両辺に刃のついた剣は、相手を切ろうとして振り上げると、自分をも傷つける恐れのあること）を、自分の心に持つことを忘れてはいけません。

心の持ち方次第では、他人も自分自身も傷つけ、殺すこともあるのです。

迷った時は、ひたすらこの言葉を想起して静観しましょう。

必ず、生かされることになります。

その言葉は、

生かして頂いて　ありがとう御座位ます

［自分が生まれた奇跡を信じましょう　二〇一〇年八月十六日］

4 有り得ないほどの奇跡

（前項の感想）

「生きる」人間に宿る内在神という存在が、どれほどの尊い神格を持つ存在なのか。私たちは理解していない悲劇があります。コノ世で名前を付けられる、どんな神的な存在をも凌駕（りょうが）します。

まさに宇宙を創造した存在が、自（みずか）ら分神して不自由な肉体の世界を体験しています。まるで水戸黄門のように、高貴な存在がそれを隠して庶民の暮らしを楽しんでいます。創造神（＝内在神）が「個性ある旅する魂」＝「自我・自分」と合体して、期間限定（寿命）で、自ら不自由な肉体・環境、辛い人生をコノ世で一緒に体験しているわけです。

自我（私たち）は、真我（内在神）を思い出すまで、真我に帰れるまで、何度でもコノ世に挑戦（誕生）してきました。

何回生まれ変わっても、何度色々な国と環境で人生に挑戦しても、自分の心の良心（内在神・創造神）に注目することができなかったのです。何回挑戦しても、自分の心の内在神に見向きもせずに、他人や、モノや、金銭や名誉に、執着して悩むことを繰り返してきました。

例えば、私たちが怪しげなモノを信じて拝んでいる時でさえ、内在神は、「早く目覚めろ～」「けったいなことをするなあ～」「困ったもんや」「いつまで目を閉じて座っとるんや」と思いながら、共に体験しているのです。肉体に宿った創造神が、コノ世の金ピカな偶像や石やモノや金欲まみれの有料先生を、神様と信じ込む自我に付き合って、「困ったなあ」と思いながら一緒に拝んでくれています。

そうしているうちに人間は、良い意味で「必ず死ぬ」のです。期間限定の貴重な経験をしています。

これを忘れていますと、他人を傷つけたり、他人のモノを盗ったり、何かに執着して悩んだりしてしまいます。そして「必ず死ぬから」さらに悪いことをしなければ損だと思う気持ちは、死後も心が継続することを知らない無知な悲劇があります。

実は生きている今でも、自分の死後の心とまったく同じなのです。見える光景が変わるだけです。必ず変わる光景（生活）のために、「不変な」自分の心を痛めてはダメです。

人間は必ず死にますが、「心は死ぬことができない」真理を知識として知っておきましょう。これを知っているだけでも、今回の人生は改善します。自分の生き方が変わります。

今日も、内在神と共に、色々なことを経験して生きましょう。
自分に嫌なことがあっても、内在神も共に真剣に体験しています。
それほど「経験できる」とは、宇宙においての奇跡なのです。

生かして頂いて　ありがとう御座位ます

［ありえへん　二〇一三年六月十九日］

5 自我が苦しみを呼びます

自分の生活環境や仕事などを、嫌だ嫌だと思っている間は、その状態が継続するものです。夢や理想を持つのは良いことですが、現状を否定したままでは、夢には近づけないのです。

なぜなら、現状の先に未来があるのです。現状を積んでいった結果が未来です。現状を嫌がっていては、未来も嫌な状態のままです。

だから、すべてのカギは今に、自分の現状にあるのです。自分の現状との和解をすれば、今よりも良い未来が来ます。

どんな最悪で厳しい現状でも、生きている限りは、必ず感謝するべき視点があります。その中でも、生きているだけでも有り難い、と思いながら目の前の物事をしていけば大丈夫です。改善する時は、早いものです。

現状を否定しながら改善を待っていても、苦しいだけです。
現状を捨てていては、未来も捨てることになるので注意しましょう。

人間とは、隣の芝生（他人の持ち物が良く見えて、欲しくなること）が良く見える自我を持つのです。これは本人が持つ飢餓感が、そのような自我を増幅させます。だから、現状に満足している人、感謝ができる人には、他人の芝生はただの庭にしか見えません。

恋愛なども、まさに隣の芝生です。他人が大切にしている人が、素晴らしく見える幻想を持つのです。いざ奪ってみると、あれ？　とすぐに飽きるものです。

処刑されたイラクの独裁者サダム・フセインは、人妻を愛人にするのが趣味でした。数百人の愛人がいたそうです。家庭を大切にする美しい人妻が嫌がれば嫌がるほど、逆に執着したそうです。これなどは、まさに悪魔に憑かれた破壊趣味です。

やはり、自分の母親の異性関係を見て育った生い立ちから、母親の愛情への飢餓感が人妻に執着する自我を持たせたと感じます。

現状に満足すれば、成長が止まると思ってはいけません。現実的には、逆に現状を維持して、よりがんばる方向に進んで行きます。

不満タラタラで仕事や勉強をするよりも、満足して感謝しながら行動するほうが、迷いや漏電がない分、能率は上がっているのです。

コノ世の真の幸福に気づくには、「生かして頂いて　ありがとう御座位ます」の精神で現実界を泳ぐことです。

最善・最短で、あなたを本当の安心へと導きます。

この言葉が、自我(じが)を、真我(しんが)（本当の自分）へと戻してくれます。

生かして頂いて　ありがとう御座位ます

［自我が苦しみを呼びます　二〇一〇年八月二十一日］

6 今の瞬間に生きる

(前項の感想)

人間とは、今までの自分がした「行為・思考」の反射が、絶えず「今に」起こっています。ところが今の自分は、過去の自分がした「行為・思考」を**忘れてしまい**、今の状態がただの偶然の産物だと誤解をしています。だから、幸運だ不運だと言って、他人のせいのように思っています。

しかし、真相は違うのです。

過去の自分からの色々な反射がすべて、今に出現・反映しています。

では、自分自身の行為や自我の思考が少ない赤子に起こる不幸な現象は何でしょうか？自我が出ないうちに起こることは、それは過去生の反射だと言えます。本人の魂に関する過去生の「行為・思考」が今生に出現して、**バランスを取ろうとしています。**

幼児期以降の問題は、やはり本人の今生での「行為・思考・努力」が今に反射します。

つまり、自分にとって悪いことが起こりますと、

「これでバランスが取れる」

「悪い反射を帳消しにするぞ」

「思いっ切り受け切って花を咲かせてやろう」（これは南無妙法蓮華経の極意です）

……と、前向きに明るく受け止めるのも、昇華を早める法則に合います。

ここで、自分だけ不幸だ、不公平だ、などと「暗く」思っている間は昇華はしません。ダラダラと停滞が継続します。

つまり、「今の」自分の考え方、真理への理解により、明日からの自分は必ず「変わる」のです。

今までの過去は、すべて今の状態に集約・反映していますから、逆に言えば過去や過去生のことは心配不要です。過去の意味を探る必要もなく、過去生を知ることも逆に昇華を遅らせる不幸な因子となります。

今だけを見ていればよいのです。
今する行為・思考が、明日の自分を刻々と形成しています（ｉｎｇの法則）。
過去に縛られずに、今を懸命に生きましょう。
この連続が、明るい未来を形成していきます。
今日も明るく懸命に生きましょう。

生かして頂いて　ありがとう御座位ます

［今の瞬間に生きていれば大丈夫　二〇一三年六月八日］

7 悩みも苦しみも、必ず変化します

悩んでいる人は多いですが、もし明るく悩むことができれば、とても良いことです。

やはり、少しでも良くしたい、良くなりたい、と思うから悩むのです。

ただ、どんな大きな悩みも、コノ世だけの期限付きの悩みだと言うことを忘れてはいけません。永遠に続くと錯覚するから、絶望するのです。

大丈夫です。悩みも必ず変化して行きます。

つまり、人間が本能で恐れていることは、「変化せずに、固定する」ということなのです。

何度も説明してきましたが、アノ世に行けば、自分が生きていた時の人生の内容と思考の内容の反射を受ける次元に自ら（みずか）誘導されます。

そして、その次元で固定されます。

もし、より自由度の高い次元に魂が行きたければ、コノ世に必ず生まれて来る必要があるのです。この現実界という、時間限定の次元トンネルを経験する必要があるわけです。

私たちが、悩みが継続したままの状態に固定されることを本能で恐れているのは、アノ世での印象の影響があるのです。

アノ世では時間の流れもないので、生前の行動からの反射のパターンに縛られます。この時の印象（記憶）が、今に感じている苦労や悩みも生涯続くのではないか？という錯覚をさせるのです。

独身者ならば、このまま生涯一人なのかと、行動をする前に悩んでしまっています。変化よりも固定に、心がすでに縛られています。自分の魂が覚えている、アノ世での印象（記憶）に縛られています。

コノ世には、決められた固定は一切ないのです。コノ世だけが白紙であり、他の次元は生前の行為の結果の反射を受けますので、白紙ではないと言えます。

つまり、未来を占う占術とは、アノ世、すなわち固定された死後の世界のものです。コノ世では、機能するべきものではないのがその正体です。

占術に縛られる人は、自ら固定された世界に近づくこととなります。非常に縁起の悪いものです。自ら固定されたパターンにハマってはいけません。

コノ世での行動の反射が、すべての他の次元に反射して左右するのです。私たちが悩んだり、喧嘩したり、心の戦争をしたり、困る人を助けようとしたりすること……、そのすべてが反射します。

そして、重要な秘密は、この現実界だけが「反射を生み出す次元」だということです。これは太陽神・天照太御神が、コノ世に生まれ出ようとする孫のニニギノミコトに反射する鏡を託した神話の意味です。

まあ結局は、コノ世で起こることには身を守りながらも、どんなことにも感謝しながら明るく受けて流すことが、人が生まれて来る目的です。

どんな悩みも必ず終わりますから、明るく体験して生きましょう。

生かして頂いて　ありがとう御座位ます

［必ず変化します　二〇一〇年八月十八日］

8 慌てなくても大丈夫です

（前項の感想）

仕事が辛いと悩む人が多いです。では、仕事を辞めますと、その人は安心するのでしょうか？　いいえ、安心できません。

本当に辞めますと次は、就職できないと悩みます。生活ができないと心配します。老後を心配します。

では、どうなれば、いつになれば、安心ができるのでしょうか？

答えは、〝今の状態の中でも〟感謝と安心ができなければ、どんな状態になろうが安心ができないのが人間なのです。

今の状態の中でも、「生活できることへの感謝」「自分が生かされていることへの感謝」に気づけますと、今の生活は改善を始める法則があります。

このことに気づけるまで、現状が継続するという錯覚に囚われます。

問題は、もし現状への感謝に気づけなければ、前記のように「どんな選択をしても自分は安心できない」とあきらめて、死を考えることです。

しかし残念ながら、死んでも安心することはありません。逆に言えば安心できるように変われる唯一の可能性を、自分自身で潰すことになります。

このことを知らせるために、生きるうちに理解して頂くために、私はブログと本を書いていると言っても過言ではありません。

自殺すれば、まさに今の状態で固定されます。解放・改善への道がこれで閉ざされます。生きている間だけが、死後の心（魂）の自由度を高める原因を作ることができた唯一の次元だったのです。

自殺した霊を視ますと、死ぬ直前までの状態が、ひたすら無限ループで「再生」しています。まるで壊れたビデオのように、です。

この状態から故人の魂を救い出すことができるのは、「生きる」人間から感謝の思いを受けることなのです。

この時、生きる人間とは、迷う故人にとっては神的な働きをしています。

では、仕事で悩む人はどうすればよいのでしょうか？

社会には、変な会社が存在することも事実です。だから、他の求人を見ながら、現状の中で自分ができる仕事への最大の努力をしてみましょう。

そして大切なことは、
＊それでも生活できることへの感謝
＊生かされていることへの感謝
＊生きるチャンスをくれた、命を繋いでくれた先祖へ感謝をしていくことです。

必ずすべては変わって〝行く〟のです。釈尊でも「変化すること」を避けることはできないと断言されました。

さらに大事は、仕事や金やコノ世の物事で、尊い自分の心（内在神）をイジメてはダメなのです。

死後にも影響することなのです。

何があろうとも、現状に感謝しながら今できる生活努力をしていけば絶対に大丈夫です。
すべてが良い思い出に必ず変わって行きます。

苦しかった仕事ほど、後で自分の財産となるのが真理なのです。

生かして頂いて　ありがとう御座位ます

[慌てなくても大丈夫です　二〇一三年六月十六日]

9 偏らない視点

生きている時間と死後の世界とでは、どちらのほうが大切なのでしょうか?

精神世界の話を聞きますと、どうも死後の世界のほうが大切なイメージを受けがちです。

しかし、これは間違いです。

究極的には、生きている今の瞬間が一番大切です。

皆さんの魂の流れを観ましても、現実界のたった八十年間などは、短い一瞬の時間に過ぎません。アノ世での「停滞」している期間のほうが、圧倒的に長いのです。長いと表現するのも正確ではなく、アノ世では時間がありませんから、コノ世の時間イメージで言いますと、「永い」と言えます。

せっかく永く退屈な死後の世界から、すぐに過ぎ去ってしまう現実界へ来たのですから、どんな状態でも感謝して楽しんでいかなければもったいないのです。必ず身体(からだ)一つで、旅立つ時が来るのですから。

コノ世と死後とでは、どちらを意識して生活すれば良いのかは、太陽に答えがあります。一日（＝人の一生）は、昼間が半分、夜が半分です。つまり、見える（昼）世界も大事、見えない世界（夜）も大事なのです。

見えることしか重視しない人間は、冷たいものです。目に見えない思いやりや、縁の下で働いている人々を軽視しがちです。自分が知らない、わからないことを思いやれない人は、孤独になりがちです。発展しないのです。

これは会社にも言えます。

ただ、太陽を見ますと、昼間と夜の長さが、絶えず変わって行きます。

つまり人生にも、見えることを重視して懸命にがんばる時と、見えないことを思いやって休む時が必要なのです。

生きることが苦しい人は、自分だけが苦しいのではないことを知りましょう。会社員でも苦しんでいる人が多いですが、その立場になれば誰でも同じように苦しいのです。

私が苛酷な業務の会社を辞めなかった理由は、私が逃げたところで、代わりに誰がしても苦しむだろうと考えたからです。それならば自分が受け切ろうと思いました。

楽な部署の人間をうらやましくも思いましたが、**誰かがしなければいけないことだと思ったのです。**

このようなことは、家庭の主婦にもあるのです。家族から罵倒されて評価されなくても、自分ができる陰の仕事が家族を助けているのです。

見えることを大切にし、見えていないことも大切にする、すべてを公平に考える正中（真ん中）な生き方が、神様に向かう生き方です。

太陽と言えば、太陽黒点の発生が継続していますが、個数よりも一つの黒点の大きさが増している感じです。特に今出ている黒点の目からは、強い霊光の放射を感じます。

心が暗くならないように注意してください。類は友を呼ぶ、似たモノ同士が引き合う現象が進んでいます。

日常での感謝想起をしながら、**すべてを明るく受け切りましょう。**

逆に言えば、先祖も癒やす情け心と、明るい感謝の気持ちでいれば、同類同士が引き合う法則により大きく繁栄する時の始まりでもあります。

明と暗に、太陽霊光が立て分けていくでしょう。

生かして頂いて　ありがとう御座位ます

［かたよらない視点　二〇一〇年八月五日］

10 自分を信じる者は救われる

愛だ、癒やしだ、聖なる高次元のエネルギーだと美辞麗句を並べて、高いお金をとってヒーリングや伝授をおこなう〝悪質な有料先生〟を頼る人が、昔も今も多くいます。

しかし、他人との霊的なエネルギー交換を有料でおこなうのは、霊的な性交をおこなうことになると感じます。穢(けが)れた有料先生から無防備な相談者へ、霊的な性交による穢れが無限に感染していくとも感じます。

重病・奇病で悩む多くの相談者と、霊的エネルギーの交流と伝授を繰り返した有料先生の汚染度とは、本当に凄いものです。先生の霊体は、人間の形状を留(とど)めていないのが真実の姿です。異様なコブだらけや、妖怪のように変化しています。霊覚があれば、異様な臭いまでするのがわかります。

癒やしを求めて大金を払う相談者は、そんな先生と霊的性交をしているわけです。もし集団でエネルギーの交流をおこなえば、おぞましい霊的な乱交状態です。

霊体の変化やダメージは、必ず肉体に転写してきます。

これは集金教団の教祖も、まったく同じです。会員数が多い分、教祖の霊体の変容具合とは壮絶です。生きながらにして、教祖の肉体がヘビやタヌキ・狐霊(これい)の形象(けいしょう)や臭いを帯びだします。

有料先生や教祖自身が病気になったり、一発回収されて魔界へと行くことが日々起こっています。磁気の交流をしていた相談者・信者も、大きな悪影響を受けます。

私が平気で相談者とネット上で交流できるのは、インターネットを介しているからです。直接に面会をしないので、完全に私の結界が維持されていますので平気です。読者も自分の世界にいながら、ブログを読むことができます。

もし私が毎日、直接に数万人の人々と接していれば、私の神性は維持ができないことでしょう。ボロ雑巾のように朽(く)ちているはずです。私の意識が高次元の高みにいる限りは、読者との霊的な交流はネットを経由して清浄におこなうことが可能です。直接に会うことは不要です。

見えない霊的なことで稼ぐ商売や集団に縁を持つだけでも、相談者は穢れたエネルギーの被曝をしていて、運気や生命力が下がっているのが真相です。

皆さんは、誰それ先生の背後は大丈夫ですか？　ナントカ教団は正神界ですか？　と、よく質問されますが、困っている個人から金銭を直接に取る人物や組織は百パーセントがダメです。例外を今までに見たことがないです。例外なく、背後は魔界です。

なぜならば、苦しい人々や、すべての人々に無料で奉仕をするのが、神界のオキテだからです。この神界のオキテを知らない先生や教団は、ニセモノです。

やはり、自分だけのオリジナル磁気を維持することが、自分の健康や希望を叶(かな)える実現力を高めます。

もっと自分自神（自神：内在する神様）を信頼しましょう。生まれた時から一人で死ぬ時まで一緒なのですから、生きる途中でも気持ちを離してはいけません。

必ず物事は流れて変化をして〝行く〟のです。変化するものに、人生の成功も失敗もありません。どんな苦楽も、感謝しながら楽しんで行きましょう。

生かして頂いて　ありがとう御座位ます

［自分を信じる者は救われる　二〇一〇年八月三日］

11
志（こころざし）が大切

心が折れそうになりながらでも、必死に生きようともがく姿は美しいです。それが自分のためのことでも、自分という生命を活かそうと責任を果たしているのです。

さらには他人も活かそうと、もがき努力する姿は、最高に美しいものです。

しかし、無理な人助けは、お金や時間もかかることが多く、自分自身を潰（つぶ）しかねません。これでは、自分自身への責任も果たせないのでダメです。自分ができる範囲で実行できれば、それで良いのです。

ただ、同じくコノ世で勉強中の生きる人間を助けるのは難しいですが、コノ世を卒業した縁ある人々を思いやることは、誰にでもできます。

もし、困っている卒業生（先祖）がいれば、助けてあげたいと思える気持ちは美しいです。これは、お金も物も必要ありませんので、自分の気持ち一つでできることです。

すでに生きていない人々への思いやりですから、何の見返りも期待できません。それでも、「困っていれば可哀想だ」という気持ちだけでおこなうのですから、尊く美しいのです。

利己主義の有料先生は、先祖供養をバカにして神ばかりを求めます。

本当の神様は、弱い者を見捨ててスリ寄る人間を相手にすると思いますか？　絶対にしません。

困る者（先祖や縁ある霊）を助けようとしている人間には、神様のほうから寄ります。

なぜなら、神様と同じことをしようとするからです。その波長に引かれて寄るのです。

人の心は絶対に死ねない永遠不滅な存在です。でも、肉体は違います。期間限定で先祖と神様から借りているものです。自動車にガソリンを入れるように、肉体にも水や食事を供給し、定期検査も必要です。

医師にしても、人間を治す自信など本当はありません。

でも、何とか困る人を「治したい」という志（こころざし）があるのです。この志が、患者を治しています。

ただ、この現実界の次元では、志だけでは医師も治療ができないので、無数に選択できる薬や医療手段を併用します。やることはした、手は尽くしたと思えれば、その気持ちが医師にも患者にも強い癒やしの効果を起こします。

先祖供養や神様への感謝の参拝も、まったく医師の気持ちと同じです。**信仰したからと言って、良くなる自信も多くの人にはないのです。**ただ、困る存在がいれば癒やしてあげたい、見えない物事にも恩を感じて感謝をしたいという志がある人には、奇跡が起こることもあるのです。

この志が、大いなる存在には届いているのです。コノ世のすべては、大いなる存在一つから生まれたのですから、私たちが持つ志は、自然と大いなる存在へと届きます。

この志を集合させた内容が、私たちの住む世界に反射して来ます。「気合だ〜」ではなく、コノ世は「志だ〜〜」なのです。

生かして頂いて　ありがとう御座位ます

［志（こころざし）が大切　二〇一〇年八月十九日］

12 良い志ひとつだけで本当に大丈夫な世界

（前項の感想）

自分自身の志（継続してある方向を目ざす気持ち）の重要さに気がついていない人、または軽視している人が多すぎます。

自分自身の気持ちを信じずに、他人の気持ちを求める人は、色々な意味で運気が低下します。自分の気持ちを大切にして、信じることが大切です。

では、信じるべき自分の気持ちとは何でしょうか？

自分の欲望（自我）を信じていてはダメです。それを自分の夢だと思っていては失敗します。そんな夢は長続きしないのです。実現しません。

自分の良心**（他のための気持ち）**の欲する内容を夢に持つことが大切です。

自分の良心（内在神）が欲しがる内容を追い求めれば、コノ世的な成功は自然と後から付いて来ます。

コノ世の秘密は、「自分だけ」のための物事は失敗します。継続しないのです。もし一時的な成功を得ても、それは時期が来れば終わります。多くの人間は、まだこの「心境」にいます。心の鏡です。

自分の金のためだけに歌う歌手は成功せず、他人を勇気づけたい志の歌手は長く成功します。

だから、成功するテクニック・コノ世の法則・知識として、もし自分に夢があれば、それに「他のための視点」があるか否（いな）かを見ましょう。

本当に大切なエッセンスは、これだけなのです。

「他のため」という**自分の良心（内在神）からの志（持続性）**があれば、その人は成功と、さらに大切な「安心」を得る可能性を持ちます。

たとえコノ世で成功しても、そこに安心がなければ、まだ地獄にいるに過ぎません。

逆に言えば、成功しなくて、夢が叶わなくても、自分の「安心感」と「感謝の気持ち」

があれば、その人の人生は大成功です。

コノ世の見える物事は、何一つ死後には持ち越せません。

ここに真の幸福への答えがあります。

コノ世に置いて行く物事のために、自分の心（良心・内在神）を痛めては絶対にいけません。死後に持ち越せるのは逆に今見えないモノであり、それは自分の心・志の〝ｉｎｇ〟だけなのです。

自分の心が志す方向（ｉｎｇ）に死後は進んで行きます。

だから、「今の」自分が持つ志（ココロザシ）が最重要なのです。

自分だけのためという、地獄へのｉｎｇなのか？

他のためという、天国へのｉｎｇなのか？

自分で静観すれば簡単にわかります。

もし自分の心の間違いに気づければ、**簡単に方向転換ができるのも、**コノ世だけの大きな特徴であり期間限定の大きなプレゼントなのです。

自分が死ぬまでに方向転換ができれば、その向かう先は天国に変わります。これが親鸞さんがおっしゃった悪人正機（悪人でも反省すれば必ず救われる）です。

その代わり、自分がしたことからの反射を経験する「バルドォ」（死後の四十九日間）は通過しなければいけません。

すべての帳尻は、コノ世とアノ世の二つの世界で、厳粛に公平に百パーセント合わされます。コノ世の一切にムダはありません。

今日も自分の志の方向（ｉｎｇ）を確認しながら、思いっ切り生活しましょう。

生かして頂いて　ありがとう御座位ます

［良い志1つだけで本当に大丈夫な世界　二〇一三年六月十一日］

13 願望よりも感謝です

世の中で自分の希望や成功を叶えている人は、それを願ったからだと思いますか？

引き寄せ術や、祈願を駆使した結果で、それを手にできたと思いますか？

実は、「長い期間」成功している人には、そのような願望術や祈願に頼る「発想さえもない人」が大半なのが実態なのです。


私は営業職が長かったので、多くの経営者に接してきました。面会している時の話の内容は、プライベートを含めた世間話が大半でした。その中で感じた、運の良い人、長く成功を持続させている人の共通点がありました。


「いつの間にか、こうなった」「この仕事が、とにかく好きだ」というものでした。

労働により正しく果実を〝育てれば〟、時期が来れば勝手に収穫が〝やって来る〟ような感じです。

自分が育ててもいないのに、収穫がやって来る時期を霊能者に聞いたり占ったりしてもムダです。いつまで経っても来ませんよ。

自分が育ててもいないのに、座ったまま脳内でイメージ（引き寄せ術、瞑想、祈願）しても、滑稽（こっけい）なだけです。だんだんと、淡々と、貧乏になっていくだけです。

もしも、正しい努力なしで何かを手に入れたとしても、イメージで手に入れたものは、錯覚の産物なのです。消え去るのも早いのです。たとえ成功しても、長くは続かないものです。錯覚が冷めた時、一時的な成功を得させた交換条件の回収により、心身共に環境的にも非常に厳しい目に遭うことになります。

願望は、自我の産物です。

もし、各人が持つ願望や欲望がイメージで叶う世界があれば、その世界は必ず簡単に破滅します。戦争も、国家が持つ自我のために起こります。

なぜならば、もし同じ願望を持つ人がいれば、どうなるのでしょうか？

もし一人の男性を巡って、結婚を望む二人の女性が引き寄せ術を駆使すれば、どうなるのでしょうか？　そこには相克、念の争いしかありません。もし祈願で会社が大きくなるならば、陰では淘汰される会社もあるのです。

正神が、そんなことに加担すると思いますか？

つまり、引き寄せ術や、願望実現を宣伝しているのは、破滅させるための魔界からの干渉です。

その証拠に、金銭を賭けた願望祈願を言う人は、他人を搾取して贅沢に遊んでいる有料先生ばかりです。正しい人々を迷走させて、厚顔で遊んでいます。あまりにも低い境涯で呆れます。まさに動物のような性根の神経です。

要は、願望などは不要なのです。個人欲には切りがありません。

願望を持つ前に、まず現状への感謝をするべきなのです。これが本人にとっての最高・最善・最速の成功を実現化する効果をもたらします。勝手に収穫の時が来て、体験するのです。

強い願望を持つことは、逆に執着を起こし、失敗する可能性が高まります。冷静な判断を妨害することになるからです。

自分の欲しい物事は、いちいち強く思わなくても、すでに脳内にあるのです。コノ世で努力することで、それが自然と叶えられます。

長く成功している人は、自然と先祖への感謝をしている人が多いのも共通します。努力をしていれば、気がつけばいつの間にか成功したのですから、有り難い、皆さんの御蔭だ、もっと多くの人を喜ばせたい、こんな自分にもったいない、などと強く見える外見の裏には、謙虚な本音を持つ人が多かったです。

短い成功と、長い成功には、天地の開きがあります。

引き寄せ術・願望術は、瞬間で終わるような甘味な甘い錯覚しか寄こしません。そして必ず、さらに不運になる「交換条件付き」という魔界の霊的仕組みなのです。

じっとしたままで引き寄せ願望で成功する気持ちを捨てて、現状に感謝することを継続することから参考にしてください。これが長い幸福へと必ず導きます。

生かして頂いて　ありがとう御座位ます

［願望よりも感謝です　二〇一〇年八月十三日］

14 自分の思考が自分の邪魔をしていた

(前項の感想)

仕事とは、いったん苦痛に感じ始めますと、すべてを「自分で嫌になるように」感じるようになるものです。そして、色々な悪循環が始まります。その犯人は自分自身なのです。

幼児がイヤイヤしながら食事をしますと、それを見ている親はイラつき始めます。これと同じように、成人してからイヤイヤ働く人間は、周囲の他人をイラ憑かせる磁気を知らずに出しています。

これが家族とも他人とも、さらに色々なトラブルを引き起こします。

仕事を辛いと思う間は、何をしても、いつまで経っても辛いままです。仕事の成果も出ません。

では、どうすればよいのでしょうか?

（1） 仕事の辛い部分ばかりに、自分の視点を合わせないことです。その仕事の良い部分を、自分で探す努力、自分から見ようとする努力が大切です。生活費を得られるだけも感謝です。

（2） どんな仕事でも、自分の「思いやり力」を発揮するための機会、修行だという視点を持つことが大切です。仕事が自分の意志力・愛情力を高めるための修行だと思いますと、「まだまだ行けます」「本当の自分は、そんなものではない」のが本当なのです。

（3） すべては期間限定（人生）のことだということを思い知ることが大切です。どんな苦難も永遠には絶対に続かないのです。すべては変わって行きます。夜の後には、必ず朝が来ます。すべてが絶えず必ず変化して行きます。自分の良心に沿って生きれば、すべての善悪がアノ世では良い思い出に変わります。
もっと明るく思いっ切り生きなかったことが、唯一の自分の後悔となります。

（4） そして、忘れてはいけないことは、働けるのも、ニートでいられるのも、生かされているからこそなのです。

運気・好機を逃す人の大半が、生かされていることへの原点の感謝を忘れています。**自分が生かされていることへの感謝をしていくことが、色々な自分の願望と思いに創造の力を与えることになります。**

自分が生かされていることへの感謝なしに個人欲を願うことは、自分の自我（ワレヨシの思い）を増大させます。

自分の自我は、実際には自分の希望の反対を起こす、妨害する原動力として霊的に働いています。

自分の足を引っ張る犯人は、他人ではなくて自分自身の自我なのが霊的な真相です。だから素直な人間のほうが、自分の思いが叶えられます。

多くの人間が、知らずに自我を増大させる魔逆の祈りをしています。

祈れば祈るほどに、自分の自我が増大して段々と余計に不幸になっていきます。貧乏にもなります。

素直に生かされていることへの感謝をする人間は、本当にお徳（得）な人です。個々の物事を祈らなくても、すべてに良い運気が自然と起こります。

生かして頂いて　ありがとう御座位ます

［自分の思考が自分の邪魔をしていた　二〇一三年六月三十日］

15 異言の危険性　前編

異言（いげん）という現象をご存知でしょうか？

突然に意味不明な言葉を話しだし、パタリと気絶してから正気に戻るような現象です。はたから見て冷静に観察しますと、何かのコントにも見えます。

実は、この異言の歴史は古く、聖書にも数回登場します。

これは、ある形象をした魔物が、聖者キリストを政治利用した、人類の洗脳破壊に参入し始めた年代と一致すると感じます。

聖書には、政治力により何回も加筆・変更が加えられており、内容は玉石混交（ぎょくせきこんこう）（真理と誘導が混ざります）の最たるものです。

私が聖書に目を落としますと、神様の意志が光る箇所と、悪魔の舌がうねる箇所とに分かれて観えます。

聖書にも干渉した古い魔物は、近代でもブラジルに使い魔を降ろし、キリスト教を利用して独自の新興教会をいくつも立ち上げさせたことを感じます。

この外国の使い魔の子分の分霊の憑依（ひょうい）を受けた一人が、昭和四十年代から異言現象を起こさせることで有名になったアル教祖です。

この教祖の講演会へ行きますと、初めての人でも気絶して異言を話し始める奇異が多発しました。当時の神道系の教祖たちの間でも、このアル教祖の背後の危険性がよく指摘されていました。

この魔物は日本人の霊性を破壊するためにわざわざ外国から乗り込んで来ていますから、まあ奇異な現象は大得意でした。いまだに多くの日本人が、それが神の奇跡だと勘違いしたままでいます。

残念ながら予想通りに、教祖本人は、血液の奇病による壮絶な死で終わっています。

その後、アル教祖の肉体を離れた魔物は飛び散り、十以上の新興教団や独自キリスト教系教会、その他に数多くの個人崇拝の会を発足させてもいます。

今もなお、この外国魔界の霊団は日本で活動をしています。

奇異な異言をさせる組織には、絶対に近寄ってはダメです。組織の話を聞くだけでも分霊の影響を受けますから、要注意です。

実は、このアル教祖は、私が幼稚園児の頃に日中に遊んでいた時、霊体で私の目前に現れたことがありました。その頃の教祖は、自分の死期を悟り、最後の助けを求めて色々な人物を訪ね歩いている時期だったようです。

幼稚園児の私には意味がわかりませんでしたが、後年に教祖の顔写真を見た時に思い出したというエピソードです。

さて、異言に関する真相を開示した上で、これから話すのは、最近のテレビで見た「真性異言（しんせいいげん）」についてです。

意味不明な言葉を話すのではなく、本人が知らない外国語を話すケースです。

これまでに、世界で四例ほどの真性異言が確認されたそうです。英語しか話せない人物が、過去生で使用していたドイツ語で、自分の前世を話すなどの場合です。ただ、この四例の特徴は、言語間に共通性が見られるので、はたして本人の意識がどこまで干渉しているのかが問題とされていました。

今回のテレビ番組では、日本人の女性が退行催眠中に本人がまったく知らないネパール語、しかも一部の少数民族しか知らない文法で異言を話すとのことでした。

……続く。

生かして頂いて　ありがとう御座位ます

［異言の危険性　前編　二〇一〇年八月七日］

16 異言の危険性 後編

テレビ番組では日本の言語学者が、真性異言を話す女性の会話を分析していました。言語学的に見れば七十パーセント以上の確率で、ネパール語による会話が成立していると検証されていました。

話す内容も具体的であり、ネパールでの大まかな人生、名前、その時々での年齢、家族構成、住んでいた村の景色、最後は腹痛で死んだことなどを語っていました。

問題は、退行催眠をさせている先生も番組も、前世のその女性が語っているという前提ありきでした。そもそも、この大前提が間違っています。番組を見ている私には、典型的な危険な憑依だとわかりました。

番組ではネパールまで検証に行き、話の内容に合う村や、話と同じ人生を辿（たど）った同姓同名の男性まで特定されていました。要は、最後は腹痛で死んだネパール人男性が、日本人女性に憑依して話していたのが真相です。

番組の最後では、そのネパール人男性が死亡する前に、すでに日本人女性が世に「生まれていた」というオチまでありました。しかし、番組では最後まで憑依の可能性については言及されませんでした。

私の感応によりますと、数十年前に亡くなったネパール人男性の霊が、日本へ行く旅行者に憑依して、日本霊域に来ています。

昭和までの幽界が強い時代は、日本の結界が強力に存在していて、外国人のさまよう霊が日本に入ることは非常に難しかったのです。

しかし近年は、この結界が崩壊しているようです。私は番組を見て、このことを再認識させられました。

私の感得では、日本霊域でさまよっていたネパール人男性はある時、退行催眠で無防備になっていた女性の所へと引き寄せられました。そして簡単に入り込むこと（憑依）ができたので、自分の言いたいことを話したのです。

女性は、長年の腰痛治療の緩和になればよいと思い、安易に退行催眠による腰痛治療を受け始めました。ところが術者先生による「問いかけ」とは、物を言いたい霊に対して、場所を提供することになるのです。

この結果、彼女は異国の男性の憑依を受けたのです。

厄介なことに、そのネパール人の霊が、この女性に執着していました。

今後、彼女には腰痛に加えて、憑依する霊がいまだに持つ腹痛も、現実的な病気として転写する可能性があります。

それ以外にも、彼女の人生に影響を与えて変えてしまいます。

現に番組では、ネパール人男性が戦争に行き、人間を刃物で刺した記憶が、彼女が料理で肉を切る時にフラッシュバックして苦しいと、彼女は話していました。

人の意識に干渉する治療は、予想外の二次被害を生み出しますので注意してください。お金を払ってまでして、新たに違う危険性にさらされる可能性があります。これもやはり、先生も相談者も「無知ゆえのこと」です。

私たちは、見えない手段の治療に近寄らないことが最善です。やはり現代医学に沿って治療することが大切なのです。

私には、彼女の本当の前世が観えていました。

彼女は過去生において、東北の弁財天信仰をする滝のそばで、口寄せ（霊を憑依させてお告げをすること）をさせる行者の元にいました。

そこで、彼女自身が寄り代にされていたのです。その時の因縁の白蛇が、彼女の腰のチャクラに巣食っています。これは腰痛として現れています。

このような過去生の行為が、男性の霊に憑依されて、口寄せをする行為につながっています。

私たちが過去生を忘れて生まれて来るのは、それは今生を生きるには知る必要がない、むしろ知ることは害悪だからです。

過去生を知ることで、隠れていた因縁の再起動が起き、今生の昇華するべき課題にプラスされて非常に不幸な人生になります。

コノ世に生まれ出る時点で、非常に微妙な因縁のバランスが神様により取られています。これを自ら破壊することになるのです。

この記事は、退行催眠や前世療法への霊的な側面からの警告です。先生自身がまだ研究の途上に過ぎないのです。

後で間違っていた、では遅いのです。

私の三十年以上の経験で、それらの治療により一つの問題が改善しても、後にそれ以上の別の問題が発生して、相談者が苦しんでいる複数の事例を見てきました。後年には、精神科の世話になっている相談者が多いのです。

見えない手段で、意識バランスに干渉してはいけません。

やはり、感謝だけをする先祖供養と信仰が、生きる人間には最善なのです。

生かして頂いて　ありがとう御座位ます

［異言の危険性　後編　二〇一〇年八月八日］

17 やり残すな！

蒸留水(じょうりゅうすい)とは、水が加熱により水蒸気になり、コノ世から一回姿を消したものです。そして冷やされて液体に戻り、再びコノ世に姿を現した水です。

再度コノ世に姿を現した時の水は、不純物が何もない純水の状態です。

この水が再び、体内に入り色々な物を吸着する旅をしていきます。

蒸留水は、成分がゼロに近いために、体内の結石形成にも興味深い可能性があります。

硬度の高いミネラル水（硬水）の飲み過ぎに要注意です。

これって何かに似ていませんか？

私たちの魂と転生（生まれ変わり）と良く似ています。

私たちが生きるとは、霊的に「加熱」されている状態に相当します。心身共に色々な刺激を受けて、喜びや悲しみを受けながら、だんだんと執着(しゅうちゃく)（悪いこだわり）を解いていくのです。

私たちの肉体も水分が実際に七十パーセントを超えるということからも、やはり蒸留の過程と共通するものを感じさせます。

神様がなさることには、共通した法則が細部にまで徹底されているのです。

コノ世から蒸発して、アノ世で冷やされている状態とは、つまらないものなのです。**なぜなら、アノ世では他のための役に立てないからです。**これは深い意味では、本当に苦痛なことなのです。

この時の状態には、時間がありません。変化もないのです。時間も変化も刺激もないアノ世の世界とは、本当にツマラナイものです。

そして人は、わざわざ他のために自分ができることをするために、時間も、変化も、刺激も、苦痛も、悲しみも、戦争もあるコノ世にまた生まれて来ます。

せっかく時間に急がされながらハラハラドキドキするコノ世に来ているのに、ただ座ったままでは、不満タラタラでは、とてももったいないことです。

この世界に来たならば、**無理に別の次元の世界を追い求めることは一切不要なのです。**

「大変だ〜」「辛いな」「悲しい」とオロオロしながらでも、その中で〝こそ〟他のための行為をするために誰もが来ているのです。

自分の家族への行為も、立派な他の魂への行為です。

怖がらなくても、悲しまなくても、必ずみんな最後には蒸発（死）するのです。ぜんぜん恐れることではありません。

ただ、中途半端な「加熱」では蒸発ができなくて、コノ世に未練が残り苦しいのです。水と同じなのです。

目の前の自分ができることを、思いっ切りして生きましょう。

必ず綺麗な蒸留水として、再生されます（わかるかな〜）。

生かして頂いて　ありがとう御座位ます

［やり残すな！　二〇一〇年九月二十八日］

18 電磁波と血流障害

数年前のニュースで、海外でも活躍する有名なサッカー選手が、長時間の飛行機搭乗によるエコノミー症候群に罹り、一時入院をされたと聞きました。体力のある屈強なスポーツ選手が、血流障害を起こすとは意外な感じでしたが、考えてみますと理由がわかります。マラソンランナーなどの毎日数十キロも日課で走っている人が、ケガで走れなくなりますと心肺系の深刻な病気になりやすいとも聞きます。

運動により「動いていることが前提」での肉体には、静止していること自体が大変な苦痛のストレスになるようです。

私は、一日に十八時間近く椅子に座る生活をしていますので、やはりエコノミー症候群を警戒しなければいけません。先日の連休に家族と続けて外出していたために、時間がなくて入浴前のいつもの体操を二日間ほど休んだことがありました。やはり翌日の身体の感覚はすぐに変わりました。

これから太陽電磁波により、鉄分や金属成分を含む人類の血液は、ますます影響を受けていきます。これから生活の中で、自分の血流改善に注意した生活をしなければ、深刻な病気（心肺系・脳内血管）に罹る率が増すことでしょう。

太陽黒点が多い日は、何となく息苦しさを感じたり、食べ物の飲み込み具合が悪い人が増加していくことでしょう。

ここで浮かんでくるポイントは、自分の両足の置き方と、腹式呼吸です。下半身だけで肉体の約半分を占めるのですから、両足の状態が肉体全体の血流に影響をしています。私が十八時間も座れる秘密は、椅子の前にある足を置く台にあります。椅子の着座面よりも、少し低い（これがポイント）小さな台を置いて、その上に両足を乗せています。両足を真っ直ぐにして台に乗せるのが一番楽ですが、これでは長時間は無理なのです。

私は両足を大きく開いて、足裏のカカト同士をくっつけています。この体勢をしますと、**腹式呼吸をとても深くゆっくりとしやすいのです。**そして自分の足裏同士を接着させることにより、大きな霊的エネルギーの循環が体内で起こっています。

太ももの付け根を大きく開くことは、血液循環にも良いです。ただ、両足を組む胡坐(あぐら)は良くないです。長時間では血流障害となる無理な圧迫が足と関節にあります。足を組まずに開くのがよいです。

長時間座る場合は前記の体勢を含めて、こまめに色々と足の位置を変えるのがよいです。通常の通り足を床に下ろしたり、真っ直ぐにしたりと、小さな足置き台一つでバリエーションが増やせます。

それと血流に最重要なのは、なんと言いましても水分の摂取です。常温の蒸留水（成分がほぼゼロ）を、私は一日に二リットル以上飲んでいます。これが、私にとっての万病への予防となります（適切な飲水量は、個人で違うものです。自身の健康状態を考慮して、自己責任で自己判断しましょう）。

水分五百ccに対して海水塩を耳かき一すくい分の微量を入れます。これは水毒症状のムクミや身体のだるさを防ぐために必要です。

生活の中で、血流改善を意識しましょう。

生かして頂いて　ありがとう御座位ます

［電磁波と血流障害　二〇一〇年九月二十六日］

19 名前の良し悪しは、気にしなければよい

姓名判断を気にする人は多いです。

字画を気にする人は、近年のたった百年間でも、どれほど漢字が変更されているか気づいているのでしょうか？　これからも変わっていくでしょう。

字画には霊的な意味はないです。霊的な作用があるのは、名前の発音（言霊（ことだま））と文字が持つイメージです。

私の感応では、「名前の逆向きの法則」というものがあります。名前に「強」があれば、心身は「弱くなる」傾向が出やすいのです。幸福の「幸」があれば、「幸が薄い」感じに人生がなりやすいのです。

つまり、**名前の内容とは逆方向に進む傾向があります。**

これは、文字自体に見えない霊的作用があるのではなく、本人の意識と自我が強いほど、名前の逆作用が働きます。

「強い」を繰り返し呼ばれて自我が意識しますと、「今は強くはないからダメなのだ」という錯覚をすることになります。

そして、弱い現象が現れます。

「幸」を絶えず意識しますと、「幸福が良いこと」「幸福が望ましい」……、結局は「今は幸福ではないから」と自我が錯覚します。本当は、**すでに幸福であるのが真実なのに、です。**

そして、「不満な傾向」が生まれます。

皆さんも、知人の名前と人生を照らし合わせますと、この傾向を感じられるかも知れません。

ただ、現状への感謝の思いがある人や、自我が薄い人には、強や幸の名前が本人にあろうと関係ありません。

まったく名前の縛りは作用しません。

この「逆向きの法則」を考えますと、願望達成術や引き寄せ術が、逆に不幸を呼ぶ欠陥魔術であることは明白です。

もし、目先の願いが叶えば、代わりに寿命や大切なものが削られるのは当然です。自ら、「現状への強い否定」を打ち込むことになるからです。

魔界の存在は、人間の現状の否定、自己否定、自傷行為が大好きです。

神様を心（内在神）に預かる私たちの魂が、そのような否定行為をしているのを見るだけで、エクスタシーを感じています。

正神につながるには、「現状への感謝」をすることが、絶対的な条件です。そもそも、この体験ができる現状を生み出すだけでも、神々による多大な働きがすでにあるからです。不幸や幸福という、消えて行く幻想に誤魔化されてはいけません。その奥にある「体験できること」自体に意味があります。すでに皆さんも、有り難い意味だらけの中でもがいているのです。

一切のムダはありませんから、自分ができることをがんばりましょう。

すでに、生きられるだけでも有り難いという高い視点で、現状への感謝をすることが最重要です。これが神様に通じ、神様を呼びます。

「望む」以前に現状への感謝をすることが、最強の引き寄せ術です。術どころか、そう「なる」「なってしまう」のです。いつの間にか。

名前のような記号は、読みやすい普通の名前が一番良い名前です。親が付けてくれた名前を大切にして、感謝の生活をすれば、どんな名前でも大丈夫です。名前を考えてくれた親の愛情に感謝をしましょう。

色々と気にしてヘタな縛りを作らないことが、人生には一番お得なのです。

生かして頂いて　ありがとう御座位ます

［名前の良し悪しは、気にしなければ大丈夫　二〇一〇年九月二十五日］

20 お任せは、深いのです

自分なりのできる最善を「本当に」普段していれば、「お任せで生きる」という心境になれます。そして、どんな結果にもジタバタしなくなります。結果が出るまでの途中でも、よそ見をして迷うことがありません。

ところが自分のするべきことをしていないと、必ず不安になり迷い始めます。ここで人は、さらなる努力をせずに、イレギュラーな手段をなぜか考えるものです。そこを何とか、どうしても……と考え始め、自分がするべきことを放っておいて、祈願や占術やパワースポットなどの横道へ時間と金銭を消費します。

冷静に観察しますと、事態を悪化させる滑稽(こっけい)な行動です。お腹が空いているのなら、少ない持ち金で食事を「するべき」ところを、なぜかなけなしの金でバクチに行くようなことを、霊的にしている人が大半なのです。

それほど人間は、「お任せの心境になる」のには、勇気が要るようです。何とかしたいという執着と自我が、滑稽な遠回りへと人間を誘導します。

だから実は、早く改善がしたい、早く幸福になりたければ、その方法があります。お任せの気持ちになれるまで、まず自分ができる最善を尽くすことです。

しかし、これが難しいのですよね。

最善を尽くしたいのだが、何をすればよいのかもわからない。また、どうしても効率の良い道や、近道を探してしまうのが本音でしょう。

でも、**神様こそが、頼りない私たちを「信じて」お任せなのが真相です。**これは、ある意味では畏れ多きことです。

神様の大切な子どもとも言える分神（内在神・産土神）を、生まれ出る人間に託して預けています。だから、人間は生命を授かることができているのです。

神気（産土神）がなければ、生命の絶滅は他の惑星のように簡単に起こります。性行為があっても、受精・着床が起きないことになるのです。

改善や幸福に進む近道と答えは、

「現状への感謝」

をすることから始まります。

色々とあるでしょうが、

「それでも生かされていること」

に感謝を始めましょう。

そして、お任せの心境になれるまで、**自分自身を納得させる最善**を尽くすのです。

短い期間限定の人生ですから、どんな結果もすでに最善です。

生かして頂いて　ありがとう御座位ます

［お任せは、深いのです。　二〇一〇年九月二十三日］

21 自分なりにがんばれば、悩みませんよ

（前項の感想）

「お任せ」と言いますのは、自分は努力しないでよいという意味では決してないのです。自分なりの最善を尽くしているならば、後は「任せ切る」ということです。

「人事を尽くして天命を待つ」とも言います。自分の力のある限りを尽くして、後は静かに内在神に任せる心境です。

学生の時は、定期試験が近づくにつれて、勉強をしていない時は苦痛でした。逆に、事前の勉強が完璧にできたと思えた時は、試験が楽しみでした。

同じ試験なのに、自分の努力次第で試験前の心境がコロコロと変わるのです。

同じように生きている貴重な生活時間の心境が、苦痛と楽しみでは全然違うものです。

学生の時は試験ですが、大人になっても同じです。

私が入社して営業部に入った頃は、ひたすら新規の企業への「飛び込み営業」をさせら

れました。話だけでも聞いて頂けるのが、十件の訪問に一回もあるかないかです。ましてや注文に結びつくのは、百件の新規訪問に対して一件あるかないかです。

成績が伸びないのが悩みだと上司に言いましたら、「悩む時間があるならば営業に行け！」と言われました。


自分が動いていない時間とは、ろくなことを考えていないのが人間です。だから悩む人は、今自分がするべき目の前のことに「没入」してみましょう。仕事でも、家事でも、掃除でも、何でも良いのです。

思考ではなくて、行為に没入することが大切です。

行為になり切りますと、無の境地とは誰にでも簡単に発生しています。

神様こそが、私たちにお任せであるとは、今の地球の状態を見ても真理です。

人類は、まだまだ自分たちができることをしていないようです。

生かして頂いて　ありがとう御座位ます

［自分なりに頑張れば、悩みませんよ　二〇一一年十一月七日］

22 焦らないことが大切

人間は弱いものです。

何かを失くすことを本能で恐れるからです。

何かを持てば、それを失くすことを恐れ悩みます。

何かを持たなければ、それがないことに悩みます。

持っても悩み、持たなくても悩むのです。

国家の戦争も、資源や国土を「失う恐怖」から起きるのでしょう。


近代の地球上では、失う恐怖の「幻想」で物事が進んできたようです。物事を拡大することで安心する「幻想に」、社会も個人もはまっています。会社を大きくする幻想、何でもたくさん持つ幻想になっています。

しかし、これには限界が来るのです。一つしかない地球上では、必ず無理が来るのです。

また、持つがゆえに発生する悩みが尽きません。

では、どうすれば良いのでしょうか？

老子（古代中国での道教の開祖。私の感応では高い精神性を有する神人です）が面白いことを言っています。

「足るを知る者は富む」です。

つまり、現状への感謝ができる人は、逆に裕福になる、という意味です。これは真理です。現状に感謝する視点は、何事にも漏れを起こさないのです。

会社でも目標や成長ばかりに視点が行きますと、現状に抱える問題が隠れてしまうことがあります。その結果、足元がすくわれて、計画通りには行かないものです。急な拡大は、倒産リスクも増します。

現状に感謝して大切にする日々の蓄積は、必ず着実な基盤固めと成長を呼ぶのです。「急がば回れ」と言うように、夢に描く幸福を「願い」悩むよりも、自分の現状に感謝をしていくのが、着実に幸福に至る近道なのです。

私たちの心だけは、永遠に旅をする不滅の存在です。**死にたくても、絶対に死なないのです。**だから焦らないで、現状を眺(なが)めて生きましょう。

できれば、現状の有り難い物事にも気づいて、感謝ができれば最高です。

「心」以外は、変化して消えて行く物事ばかりです。大きな長～～い視点で見れば、どんな困難も後で必ず笑い話の思い出に変わります。

現状の中で、思いっ切り生きましょう。

生かして頂いて　ありがとう御座位ます

［焦らないことが大切　二〇一〇年八月二十四日］

23 何でも有り難い刺激へと変えられます

（前項の感想）

最近の会社員を見ていますと、

・会社に所属している時は常に、「辞めたい、仕事が辛くて苦しい、死にたい」。

・そして、会社を本当に辞めてしまいますと、「再就職したいけどできない、どこも受からない、不安で苦しい、死にたい」。

・結局、辞めた会社よりもさらに条件の悪い会社にやっと再就職し、「仕事が辛い、苦しい、辞めたい、死にたい」。

このような悪循環を繰り返す傾向があります。

しかし、このようなパターンは、自分で事前に「想像」してみれば誰でもわかることなのです。アタリマエのパターンです。コノ世は、パターンを想像・想定するだけでも、大半の不幸と不運を防止することが可能なのです。

逆に言えば、幸運も努力で勝ち取ることも可能です。

では、どうすればよいのでしょうか？

そこで老子いわく、「**足るを知る者は富む**」なのです。つまり、

＊現状へ感謝する。

＊生きているだけでも有り難い。

＊仕事があるだけでも有り難い。

＊仕事ができる健康に感謝。

このように考えることができる人間は、どんな仕事でもがんばることが可能になります。

そして、自然の流れで訪れる転機を正しく自分で待つことができます。

私も新卒で就職した最初の三年間は、本当に地獄を見ました。寝床の布団下の畳が、寝汗で人の形のシミにもなりました。

営業事務を覚えるだけでも膨大な量でした。その上に厳しい営業ノルマです。上司は「見て覚えろ！」だけであり、資料の書き方、営業成績、毎日が罵倒の嵐でした。多くの社員が病んで辞めていきました。

しかし私は、これを逆に自分が給与付きで修行をさせて頂いていると考えました。この視点を持ちますと、どんな辛い刺激も自分の成長のためであることが良くわかりました。この時期の刺激の御蔭で、私は自分の過去生の潜在能力の多くを「思い出す」「引き出す」ことができました。

どんな分野の営業でも、その道を究めた人間は、集金宗教家を凌駕する意志力・実現力を保有するでしょう。

どんな仕事にも、達人、カリスマと言われる凄い人がおられます。

神秘家グルジェフは、これを人間が「結晶化する」と表現しました。超絶的な「労働」を逆に、「神秘へのワーク」と呼んで絶対重視しました。グルジェフは、嫌な上司や同僚、ストレスを自分に与える人間は、逆に金を払ってでも雇えと言うほどです。

要するに、目標を持った試練は、自分が霊的磁気を保有することに至ります。

愛情と慈悲心を持って労働すれば、神秘な観音力も身に付いていきます。

仕事とは、それを自分が辛い間は、良い転機は来ません。
仕事をこなし、その仕事へ感謝をすることが真から自分でできるようになれば、さらに
良い仕事の転機が向こうからやって来ます。

家事も含めて、嫌なことにも感謝をしてみましょう。
どんな辛いことも、時間と共にコノ世では期間限定です。
すべては必ず変化しますから、安心しましょう。

生かして頂いて　ありがとう御座位ます

［何でも有り難い刺激へと自分で変える　二〇一三年六月五日］

第二章

自分が「出す」気持ちが、自分を助けます

1 自分の心に母性を意識しましょう

今朝、心に浮かんでいたのは、神の性別というテーマでした。

キリスト教系では、天にいる神を父と呼び、日本神道では天照太御神（アマテラスオオミカミ）は女神だとされています。天照太御神の男神説というのが昔からありますが、これは天照太御神を守る眷属神（けんぞくしん）の様相を誤認しています。

神様というものは、七次元以下では人格神（じんかくしん）（人間の姿の様相をとって現れる存在）として現れて、特有な個性と性別を帯び始めるものです。八次元以上では、個性も性別も消えて、光の存在となります。

私の感応では、今の宇宙は十一次元が最終次元だと感じます（これは宇宙物理学的に証明がされつつあります）。そして十一次元を超えますと、また元の一次元に戻ると感じます。

この宇宙の次元の誕生の流れは、古事記において、神様たちの誕生の流れとして表現されています。

問題は、古事記の中で、スサノオが母親を求めて天地が鳴動するほど泣きわめいたということです。父神のイザナギでさえも、止めることはできませんでした。スサノオが母性を求めて泣いて泣いて、天変地異が起こったのです。泣き声の波動で山を創り、涙で大海を創るほど泣きました。

ある意味、スサノオの母親を求める飢餓感が、天地の創造を成したのです。

ここでスサノオ＝人間であると仮定しますと、人類が持つ、隠された興味深い側面が浮かび上がります。

人間は男女共に、満たされない飢餓感を心の奥に持ち、この飢餓感を満たすのが異性や金銭や社会的成功だと錯覚しているのです。しかし、人類が本当に求めているのは、性別を超えた永遠なる「母性」です。だからコノ世では、人間は何を手に入れても飽きますし、心の深部では満足ができないのです。

人生とは、生活の中で母性に出会うために生まれて来たとも言えます。

近年に自然災害が増加しているのは、人間スサノオが母性を求めて泣き始めているのではないでしょうか？　要はどんなに物質文化を満たしても、物質文化が栄えても、**自分の心に母性を忘れますと、**人は無性に理由のない飢餓感が生じるのです。

異常に結婚願望を持つ男女は、結婚してもそれで満足はできないでしょう。本当に求めているものは、自分が母性に包まれることだからです。そのためには、相手だけに求めるのでなく、**自分自身が母性を持たなければいけません。**

男女共に、自分の心に性別を超えた母性を「すでに」持つことを意識しましょう。人類が自分自身の心に、母性を全員が取り戻せば、大自然も鎮まることでしょう。

誰でも、自分の心に内在する十一次元の存在（内在神）との感応をしますと、まさに性別を超えた「母性の海」に包まれ溶け込む感じがします。

伊勢神宮の伊雑宮にも、その断片が鎮まっています。

生かして頂いて　ありがとう御座位ます

［自分の心に母性を意識しましょう　二〇一〇年八月一日］

2 他への母性を発揮すること

自分の利益（我良し）ばかりを考えて生きますと、息切れをする法則が現実界にあります。幸運も逃げていき、生命力も実際に落ちます。

いや、そんなことはないと自分の願望達成だけに邁進して、一時的な成功や願望を達成したとしても、理由のない「虚しさ」が必ず存在します。虚しく満足感が得られないので、さらに勘違いをして新たな願望を求めます。

しかし、自分だけの願望を叶えても、いつまで経っても安心することはできないのです。逆に失うことの不安感が増すものです。心の平安は訪れません。

なぜ、こうなるのでしょうか？

それは、すべての人間が持つ**自分の神性（内在神）に背くからです**。心の表面の自我は、自分だけのことに執着しようとしますが、心の奥の内在神は完全に公平なエネルギーなのです。

コノ世で発揮するエネルギーの強さは、内在神が自我をはるかに上回ります。圧倒的に内在神が生命力・幸運・物事を生み出す力に満ち満ちています。

だから**自分の内在神に沿った生き方をすることが、本当の幸福につながります。**

コノ世は、自我の欲求を満たすことが、幸福だと勘違いをさせる魔力に満ちています。しかし、それでは真からの満足は絶対に得られません。

だから、今が苦しくて、病気がちで、貧乏で絶望感に包まれていても大丈夫なのです。今から、他人のために生きる視点を持てばよいだけです。

子どもを持つ母親が怒りながらでも忙しく働くことができるのは、子どものためだという思いがあるからです。

もし、家族の世話が嫌になり、母親が一人暮らしを始めますと、逆に気が抜けたように虚無感に包まれます。自分が想像していた理想の生活どころか、生きる意味を感じられなくて精神を病むものです。あんなに嫌で苦しかったクチャクチャな生活のほうが、心身が健康だったとなります。

成功する経営者の見分け方も簡単です。人や物を「育てることに喜び」を感じている人は成功します。

自分のことよりも他への視点がある人は、金運が増します。

人の神性（内在神）は、母性のカタマリです。だから男女共に生活の中で、母性を意識して発揮させることは、運気が増す秘訣（ひけつ）です。

今が苦しくて悩む人は、まずは自分の先祖へ感謝をすることから始めましょう。これも他を意識した立派な行為です。

他を育てようとする人は、自分自身を育てることになる霊的反射が起こります。これは秘教のエッセンスの一つなのです。必ず改善が始まります。

生かして頂いて　ありがとう御座位ます

［他への母性を発揮する事　二〇一〇年九月十四日］

3 反射するから完全な公平です

（前項の感想）

他人や動物・自然に対して、自分がおこなった行為と思いが、自分自身の明日を形成させます。他に対して発信したことが、**自分の身になるということです。**

自分のためにしていることは、実は自分のためにはなっていないのです。だから、コノ世では自分の思い通りに成り難いのは、法則だったのです。

もし、コノ世的な成功をつかんでも、自分の心（内在神・良心）が虚しければ、寂しければ、それは自分のため（自我）が優先した一時的な結果に過ぎません。その成功も継続しないのです。

もし、会社で働くのが辛ければ、同僚への配慮の視点も意識してみましょう。自分を守ることを優先すれば、心が弱くなるものです。

もし、人生が嫌になれば、他への奉仕活動の視点も試すことです。どんな薬よりも効くかも知れません。

他人を助けた分は、何らかの見えない形で自分に返ります。それを受け取るのは死後かも知れませんが、「その中でも」「自分が他のために」した行為とは必ず残り、自分に返るのです。

苦しい環境の中でも、その中で他者への「思いやり」を持てることは、とても偉大で崇高なことなのです。

今、苦しい人ほど、偉業を成せる環境だと神様は示します。生死を超える存在の視点とは、これでもかというほど心の成長を何よりも優先させます。人間の狭い視点では、時には悲惨だと思えることも、本当は神様の大愛であることがあるのです。

これも時間限定（人生）の内のことだからです。

でも、コノ世の試練はムダでは？　と思われることでしょう。

他人のための行為も、もし偽善ならば、一回でやめるものです。継続できれば、**そこには必ず光るモノが存在します。**

ただ、他人のために自分が「した」という思いが強ければ、後でダマされた、利用された、ムダだったと思うこともあります。

しかし、**他にした行為は、すべて死後の自分に対しておこなっていたという〝トリック〟が、**この現実界の真理なのです。

「反対の反対は賛成なのだ」「これでいいのだ！」とバカボンのパパ（薄伽梵：バギャボン。釈尊のことです）は言っていました。圧倒的な全肯定です。もう笑い踊るしかない境地です。コノ世が「反射し合う世界」だと見抜いています。

鏡の反射とは、公平で一分の狂いもないのです。

他人も内在神を抱える鏡です。自分を見る時、本当の自分を知る時は、他人の鏡に自分を映すしかないという皮肉があります。

今日の記事が言いたかったことは、他人に対しておこなった善悪は、反射が必ずあるということを知るだけでも、今日から自分の生き方が変わるということです。

コノ世にムダなことは、一切ありません。すべてが反射します。

生かして頂いて　ありがとう御座位ます

［反射するから完全な公平です　二〇一一年十月三十日］

4 心の神様が最高神です

人間が、なぜ生まれてくるのか、何のために生きるのか？
古来、問われ続けられているテーマですが、答えは突き詰めると一つです。
自分の心にいる、元の元の神様に気づくためです。

この人間の心に宿る神様（内在神）とは、途方もないほど究極に高次元な存在です。この地球上で祭られる神仏の中では、最高神です。
地球上での最高神は、自然界からの結晶とも言える「生きる」人間に「宿る」のです。すべての生物に神が宿りますが、最高次元の神霊は人間に宿ります。

自由に動き回り、喜び楽しみ悩み、物事を創造（想像）したり、時には罪さえも犯せる自由とは、これは非常に高次なことなのです。でも、これはアタリマエだとして、誰も満足も認識もしていません。

私たちは、自分の心に神様がいることに気づけるまで、転生（生まれ変わり）を繰り返し、喜怒哀楽を繰り返してきました。

この数千年の間に、自分の心の神様に深く気づけた人間は、この地球上での転生のサイクルを卒業して外れています。

そして違う次元で、愛情を強化する魂の旅へと進んでいます。

この地球という次元は、神界から地獄界までの様相が同時に共存するという特異点（ごく稀な状態）なのです。キレイ事もあれば、異常に汚い物事、殺人・暴行もおこなわれている現実があります。

この環境の中でも、周りの刺激に惑わされずに、自分の心にいる母性の内在神へと自分の気持ちを向けることが大切であり、人が生まれてくる目的です。

だから、生きていれば悩みや不満はあるでしょう。でも、その中でも自分の心の母性の神様を見つめるのです。折れそうな心の中でも見つめるからこそ、より真剣に向き合うことができるのです。

生きてさえいれば、どんな悩みも苦しみも必ず「変化」して行くのが、この現実界での利点です。

他の次元では、変化がない苦しみがあるのです。

では、心の神様を見つめるのは、どうすればよいのでしょうか？

それは、喜怒哀楽を体験できるというのは、生きていればこそだという視点を持つことです。生まれる前は全員がこの刺激を思いっ切り前向きに体験したいと願い、コノ世に喜々として来たのです。これを忘れているだけです。

だから何があっても、「生かして頂いて　ありがとう御座位ます」と自分の心の神様に感謝をしながら物事を見つめれば大丈夫です。

他人に対しても、その人の心の神様に向かって、「生かして頂いて　ありがとう御座位ます」と思いながら面することです。

このような、自他の内在神を意識して生活する人間が増えた時、そこには神界の転写が起こります。

外在する幻想の存在に対して、神様を無理に金銭で見させようとする宗教が、崩壊している時でもあります。

全員が自分の心にいる本当の神様を信仰し始めますと、組織を作って縛る教えの間違いと、その背後の魔性がよく見えます。

もう「すでに」自分の心にいる最高神に、早く気づきましょう。

気づくためには、日々この言葉と共に生活をすることです。それは、
生かして頂いて　ありがとう御座位ます

［心の神様が最高神です　二〇一〇年八月二十三日］

5 本当に具体的であり科学的なのです

（前項の感想）

老子が、これと同じ意味のことを「一つなる存在」と呼んで説明しています（『柔訳老子の言葉』第三十九章参照）。その中で老子は、神様でさえも「大いなる一つなる存在」が宿ることで、神として働くことができると説明しています。

大自然も、「大いなる一つなる存在」が宿ることで千変万化（せんぺんばんか）の躍動が起こります。

この「大いなる一つなる存在」が、私たち生きる人間の全員に宿っているのです。

「大いなる一つなる存在」が、人間から去った時が、その人の死を意味します。

「大いなる一つなる存在」は、私たちに宿って何をしているのでしょうか？

私たちの心（魂）と共に、「大いなる一つなる存在」も体験をしているのです。

私たちが味わう、楽しみ・喜び・悲惨・苦しみ・事故・怒り・悲しみ……、喜怒哀楽のすべてを「大いなる一つなる存在」も体験しています。

それほど、短い限定期間のコノ世での「体験」とは貴重なのです。どんなしょうもない体験でありましても、それは生命誕生の奇跡から始まる、途方もない「経過」の上での体験なのです。

自分に起こる、どんな小さな体験も決してムダではありません。

「大いなる一つなる存在」を具体的なイメージとして説明しますと、自分側から見まして、胸の中央から、右側三センチぐらいの部位に「大いなる一つなる存在」＝内在神が住し、胸の中央から、左側三センチぐらいの心臓の部位に重なるように自分の魂（霊の中枢）が存在すると感じます。

そして、私たちが胸の中央で手を合わせる（合掌する）ことで、「大いなる一つなる存在・内在神」の磁気と、自分の魂（霊）の磁気が交流します。

これは、感謝や、思いやりや、愛情などの気持ちを持ってやらないと、合一（ごういつ）にはならないです。また、機械的に手を合わせても、思いを込めて手を合わせても、普段から内在神の良心に叶う生活をしていないと、合一は起こりません。

私たちの人生とは生きるうちに、この二つの磁気を合一することが目的だと感じます。二つの磁気が合一しますと、胸の中央に大きな二重丸◎が出現します。

【内在神と魂の位置】

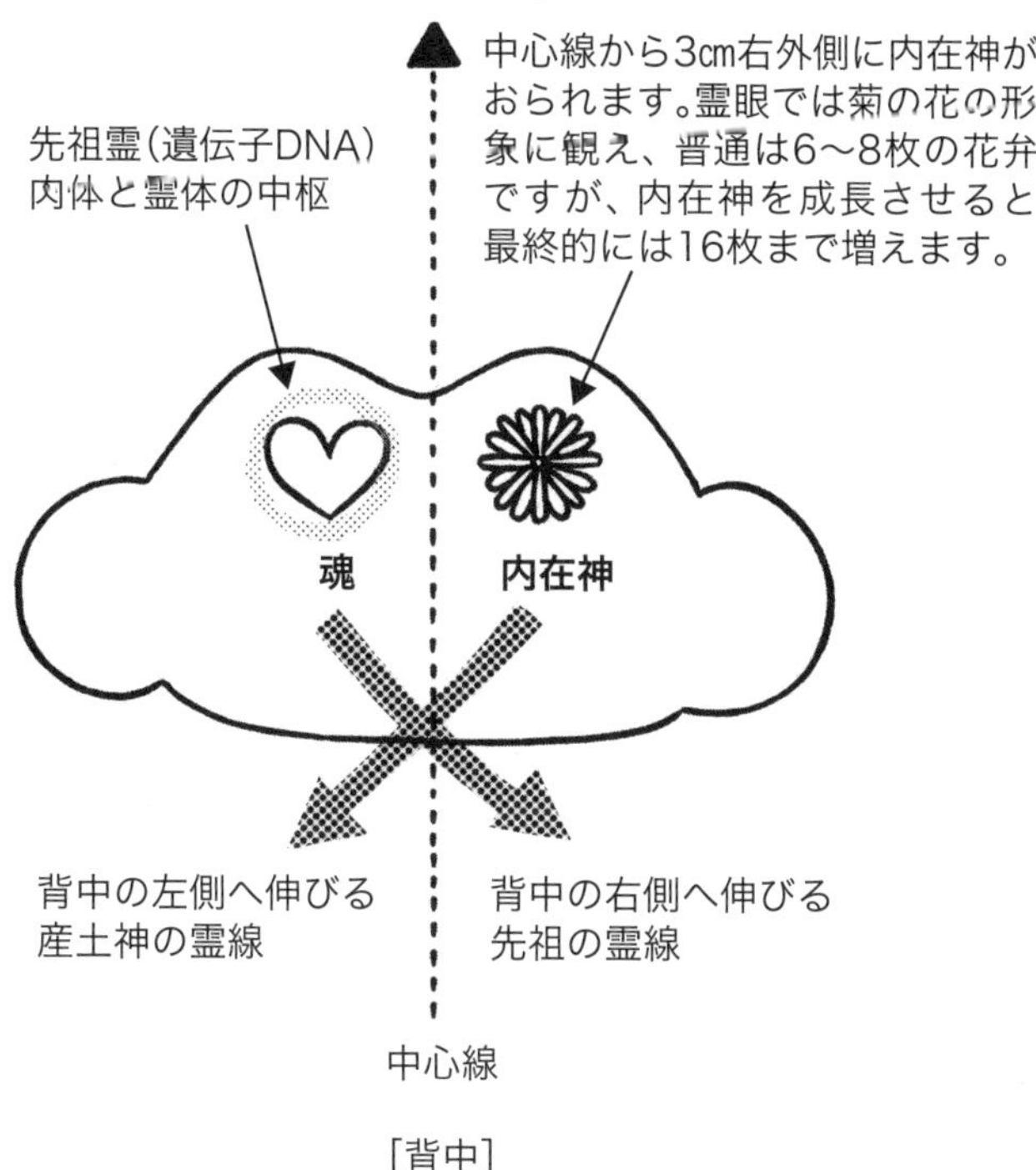

霊線は体内で交差して、背中から空に伸びています。
浄化すると、それが天使の羽に視えます。

【循環している光のベルト】

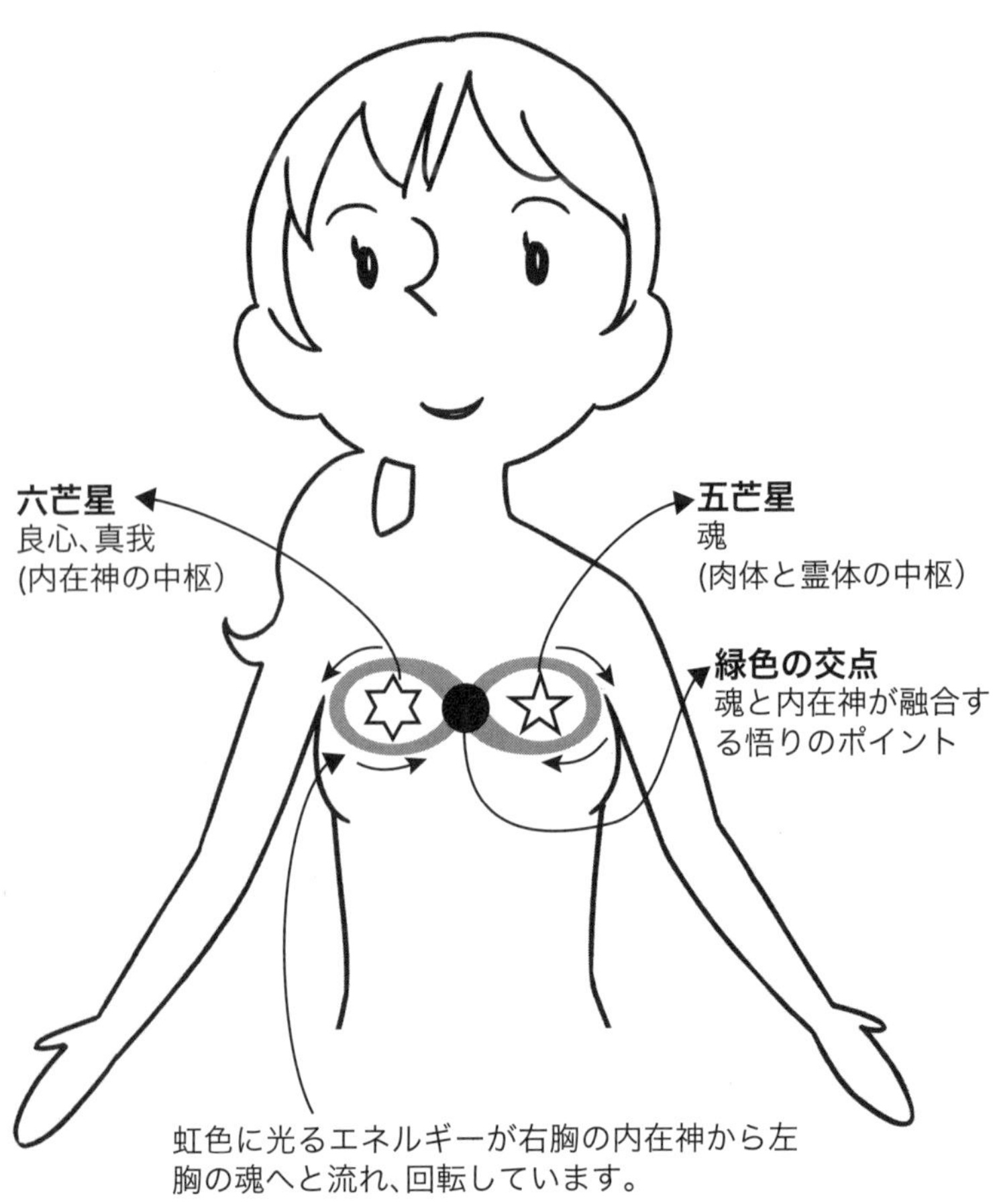

こうなるためには、内在神（良心）の思いに合わせた生き方、つまり自分の良心に沿って生きることが人間には最重要なのです。

愛情・思いやり・情け・感謝の思いなどの心を持つことが特に重要になります。

コノ世で、どんな喜怒哀楽が起ころうとも大丈夫です。コノ世の短い限定期間のことに過ぎません。

その間に、自分の良心だけを見つめて生きていれば、神人合一の◎となり、環境には左右されない永遠の心の自由を手にすることでしょう。

生かして頂いて　ありがとう御座位ます

［本当に具体的であり科学的なのです　二〇一三年六月六日］

6 思いやりと感謝があればよいです

八月十二日の今朝は、すでにお盆の雰囲気に空間が変わっていました。コノ世と、アノ世が混ざる感じです。薄黄色い世界（黄泉の世界）に観えます。

このような期間は、過去の縁ある人々を静かに思い出してあげるのがよいでしょう。色々な供養の方法がありますが、「供養＝思い出してあげること」がその本質です。

思い出してあげて、**さらに感謝の気持ちを捧げることができれば最高の供養です。**決して御経や、大袈裟な儀式が供養ではないのです。このようなものは、逆に感謝を捧げるという視点を薄めさせますので、故人には逆効果です。

思い出してあげることと、感謝の気持ちは、先祖への思いやりとなり、縁ある霊に一番よく届きます。

思い出してあげるとは、言い換えれば**「忘れない」**ということです。

そもそも人間は、先祖が生きた御蔭で自分が生まれていることを忘れがちです。なぜかこれを忘れて、自分一人で生まれたような錯覚をします。

自分が生きる限りは、先祖とは絶対に切れないつながりが嫌でもあるのです。これを忘れますと、幸運が逃げる法則が現実界にはあります。恩知らずは、最後にはダメなのです。物事を忘れますと、また同じ間違いや罪を人間は犯すものです。

昨日のテレビでは戦争末期の、ある無線受信の通信兵の話が紹介されていました。飛行機で特攻する操縦士は、死ぬ瞬間までモールス信号を押し続ける決まりがあったそうです。この無線を基地で受信する人間は、無線の音が消えた時間を記録し、家族へ死亡時間として伝える仕組みがあったのです。

つまり操縦士は、飛行機を操縦しながらモールス信号を押したまま死んでいかれたのです。飛んでくる弾丸を避けながら、押し続けられた信号の音とは、「ピー」という小さな儚(はかな)い音だったそうです。

何十人もの特攻隊員の最後の音を記録し続けた通信兵は、その小さな音が今でも忘れられないと泣いていました。まさに命が消える音に聞こえたとのことでした。

この任務で受けたショックにより、戦後も基地を離れることができずに、生まれ故郷に戻らずに基地のそばで暮らされていました。

決して忘れないのです。この方の心には、今でも戦友が生きていました。


人間は、自分一人で生きていると思うから苦しむのです。

一人暮らしでも、多くの先祖たちと共に生かされているのです。

どんな現状でも、自分の心に生かされている感謝の思いを刻むことができます。たとえ一分間でも思えれば、その間は先祖も同じ気持ちなのです。

これが自分の生活に反射して来ます。感謝の思いの一分間がだんだんと延びるに従って、自分の生活も安定していきます。


コノ世は、**現実的な努力と、お任せの心境を常に半々で持つことが大切です。**

自分の心に、どんな思いを刻むのも自由です。

しかし、色々と試しても、この言葉の心で生きることが最善です。

生かして頂いて　ありがとう御座位ます

[思いやりと感謝が在れば良いです　二〇一〇年九月十四日]

7 マイペース（自分への道）が近道

（前項の感想）

縁ある故人や知らない先祖も「忘れないこと」が供養になります。逆に言えば、故人に対して怒りを思えば、やはり故人へと通じています。

コノ世とアノ世は、遠く離れているように思われるでしょうが、まるで合わせ鏡に映る世界のように、まるでマジックミラーの向こう側の部屋のように、薄い薄い次元の膜で隔てられているだけであり、コノ世の中に溶け込んで同時に存在すると思ってください。生きる人間が、故人のことを思うだけでも通じていますが、これに「故人のために捧げた行為」が加わりますと、その行為の内容が届きます。

法事などで故人のために多数が集まれば、それも故人の生前の人徳として、その場に故人の霊体が来ることが霊界から許されます。

ただし、集まった中に故人への怒りを思う人間が多ければ、故人の霊体に痛みとして届いています。だから法事に参加する限りは、故人への感謝だけを思いながら過ごし、参列者同士の揉め事は厳禁です。

何があっても、その場は笑顔でやり過ごすことが大切です。

そのような配慮をする気持ちも、故人への供養として届きます。

縁ある故人を忘れない行為（供養）は、自分自身を癒やす結果として、コノ世に反射して〝来ます〟。また、コノ世で自分が忘れ去られないように、社会で生かされる縁が生じます。

他を救おうとすることは、自分自身も「いつか」救うことに必ずなります。

自分がおこなう善・悪の行為は、重力のように避けることができない反動として、形を変えてでも必ず来ます。

すべてにムダがありません。

自分がすることが、淡々と明日に反射して来ます。

だから、本当の正しい供養とは、**縁ある故人も自分自身も救うことになります。**

人間は、社会と格闘しているような錯覚を起こす人もいますが、すべては自分自身との対話であり、自分と内在神との面会なのです。

他人は関係ないのです。

人は真の意味では、コノ世に自分一人しか存在していません（天上天下唯我独尊）。
だから人類全体も、深層では全体で一人の人間なのです。
七十億人の分離から、一人への統合が進めば、完全なる平和と安定が到来します。
これは、一人ひとりが自分自身を見つめること、静観することで、到来します。

生かして頂いて　ありがとう御座位ます

［マイペース（自分への道）が近道　二〇一三年七月六日］

8 アタリマエな物事が神だった

最近読者から寄せられた、夜の盆踊りを写した写真には、たくさんの丸いオーブ（霊体）が撮影されていました（迷える霊が多いので不掲載）。肉体を亡くした後も、コノ世に留(とど)まる儚(はかな)さを感じさせます。

生きる人々が楽しく集まる場所には、寂しい霊が集まって来るものです。霊はその場の楽しい気持ちに接することにより、次の世界へと旅立つエネルギーにする面があります。この場合は、集まる人々や撮影者には何の害もありません。

ロケットを発射するには燃料が必要なのと同じで、やはりキッカケとしての起爆剤が何事にも必要なのです。**日々の先祖供養などは、まさに安らかになるキッカケの縁を先祖に提供していることになります。**

この大切なキッカケになるべき先祖供養で、先祖に「これが欲しい〜、あれを叶えて欲しい〜」と願うのは、ダメなのは明らかです。やはり、楽しい気持ち、感謝の気持ちを先祖に捧げるのが、最高のプレゼントとなり、霊に気づきを与えます。

そして、**先祖が安心すれば、その安心の反射を、供養した者が受け取る因果法則が存在します。**助けられた者（先祖）も安心し、助けた者（自分）も救われるという、両方が救われることになります。

盆踊りとは、霊的に良く考えられた、地域の迷える霊を癒やす最高の行事だと感じます。風習として続く伝統には、やはりムダなものはないようです。この起源を辿（たど）れば、かなり古い神事にまで行き着くと思います。

面白いこと、楽しむこと、踊ること、音楽、これらは人間の本能と霊的存在にも影響を与えます。

つまり、自分の日常生活にも、このような要素を意識することが大切です。

生活の中で、笑い、楽しみ、身体を動かし、好きな音楽を聴き、そして「現状への感謝をすること」ができれば……、それは最高です。

神秘の世界、天国、神界……このような次元は、求めてもムダです。**なぜならば、すでに自分の現状の中に存在するからです。**

死後にも、他の所にも存在しません。

だから、現状の中で、天国（感謝の思いの世界）の片鱗（へんりん）を感じることができなければ、死後に行き着くことは不可能なのが霊的真相です。

死んでからでは、遅いのです。

では、その高次元の片鱗の中身とは何でしょうか？

今日もご飯が食べられて有り難いな、今日も息が吸える、呼吸ができる、今日も身体が動く……と日常のアタリマエとしている物事に、神様の片鱗を感じることができればよいのです。このアタリマエが継続すること自体が、科学的にも不可思議な確率の組み合わせの上でのことなのです。

今が苦しい人は、今までにアタリマエとして感謝もしていなかった物事が多かった人だとも言えます。

だから逆に言えば大丈夫です。

今から、苦しくても現状の中で感謝するべき視点に気づきましょう。

職場のことで心を痛めるほど悩むのならば、そもそも働いていることに感謝をしてみましょう。働ける肉体の健康と、住む環境があるから勤務ができるのです。

夫婦のことで悩むのならば、それでも生活ができることに感謝をしましょう。独身の時は、どれほど結婚をしたかったのか？

アタリマエにして〝しまって〟いることに気づくことは、陰（影）で働く奉仕の神々に気づくことと同じなのです。

生かして頂いて　ありがとう御座位ます

［アタリマエな物事が神だった　二〇一〇年九月九日］

9 コノ世は行為が優先する次元です

（前項の感想）
この記事は、長々と高度なことを言っています。一年前は、今よりも難しいことを降ろしていたのだなと思いました。本当は、ただ表現が下手だったのかも知れません。これでは、多くの人々に理解はされません。この記事の要点をわかりやすく書いてみます。

【要点1】 コノ世の次元では、まずキッカケ（行動）が大切だということです。案ずるよりも産むがやすしです。「悩む前に、動け！」なんてカッコ良いことを本当は言いたいのですが、やはり動く前にシミュレーション（想像＝創造）はしてね。

コノ世では、ただ悩んでいては漏電するばかりで進まないのです。「行為」が優先する次元だからです。試験で悩むならば、今、勉強を始めるしかないのです。悩んでいる時間がムダです。

仕事で悩めば、今は目の前の仕事に、より没入するしかないのです。

求職で悩めば、今、探しに行くしかないのです。

病気が心配ならば、心配して漏電する前に、まず医師の診察を受けることです。

とにかく動けば、色々なキッカケが新たに生じる縁となるのです。

見えない先祖に対して、届くかどうかもわからない中で、「それでも」忙しい生活の中で時間をさいて、見えない先祖や縁ある故人のために線香を置く行為ができるとは、それはすでに思いが「届いている」証拠なのです。

コノ世の次元でできた行為とは、とても貴重でスゴイことなのです。

【要点2】 盆踊りの起源は、太陽神が暗やみの穴に隠れた時に(月による皆既日食)、踊りと笑い声で太陽を呼び戻した「天の岩戸」神話にも関係するのを感じます。

夜の月の監視の下で、楽しく踊ることで、先祖や故人を楽しませるのです。

生きる私たちは、遺伝子(家系の霊線)により先祖と接続された状態で生きていることで、先祖や縁ある故人と「共に生きている」のが今の次元の真相なのです。

私たちが笑えば、接続される先祖も笑っています。この逆もしかりです。衣食住すべて共に体感しています。私たちの行為が、先祖を左右させています。アンナコト、ソンナコトも先祖と一緒に……。イヤですか？　でも、それも大切なことなのです。

【要点3】　死ねば、心が成長する、変わるなどと思ってはダメです。今の自分の心と同じです。死後はさらに、コノ世で自由にできた行動・行為が制限され、受け身の状態になります。死んでから悟るなどは有り得ません。この雑多な不安定な世の中ででも、その中で辿(たど)り着いた心境を頂点として、アノ世に持参するのです。

魂が悟るのは、他の次元では無理なのです。コノ世だけが、悟るという昇華が起こる場所なのです。そのために、コノ世にわざわざ生まれて来る意味もあります。

このような話を読める人は、すでに大丈夫です。自分が興味を持つこととは、すごく意味のある「行為」なのです。心が、高みに上がろうとしている証拠です。

生かして頂いて　ありがとう御座位ます

［この世は行為が優先する次元です　二〇一一年十月二十一日］

10 思いやりだけが残ります

私が今、自宅で使用している線香を立てる器は、青磁色（薄い緑色）の丸い容器です。表面には、唐草模様（つる草がからみ合う様）が浮き出ています。二十年ほど前に、普通の仏壇屋で求めたものです。

では、どんな形の線香器がよいのでしょうか？

それは、供養する人が好きな形のものが一番良いのです。要は、供養する人の脳内イメージが、見えない世界へと届くからです。

常識の範囲であれば、霊的に厳禁な決まり事は、色や形も含めて別にありません。

しかし、そこで複数の人が供養する場合、一人が好きな容器でも、その他の人が違和感を覚えるものは良くありません。やはり、無難な普通のものが良いです。理想は、白い無地の円形です。

自分一人で供養される場合は、安価な白い小丼や、一時的にはマグカップでも良いです。

ただ大切なのは、供養は「思いやり」が届くのです。だから、安くても先祖のためを思って、自分で選んだ「気遣い」も届くことを忘れないことです。

そもそも、道具を揃えて供養したいと思えるだけでも供養が始まっていますし、気持ちが先祖に届き始めているものです。供養を長く待つ先祖には、本当に嬉しいものです。

今の私たちが、色々と悩むのと同じで、死んだ先祖も悩み、迷い、執着を持ちます。自我という執着を大きく抱えたまま死にますと、霊体が重すぎて上がれないのです。この時に助けてくれるのが、生きる人間から受ける「思いやり」なのです。死ねばわかりますが、御経や呪文などは一切意味がありません。感謝の気持ちと、香木や香る葉の煙（世界中の原住民も利用します）が、一番良く霊体を癒やして軽くします。

人間の老化というものは、ある意味では執着を解いていくための、神様からの配慮でもあります。だんだんと食べる量が減り、異性に対しても役立たずになり、行きたい所にも制限が生じてくるものです。

この経験を体験することにより、**コノ世への未練と執着を順番に解いていくのです。**すべてを手放した時、生きている間でも一番に嬉しいのは、他人から受ける思いやりや愛情です。それだけで十分なのです。
だから自分から他者に与えて生きましょう。

アマテラスオホミカミが、コノ世に降りる子孫に手渡したものは、鏡でした。これは、「コノ世＝反射する世界」だと神様が人間に教えたのです。
自分が他の存在に与えたものが、必ず自分に返る法則の世界なのです。

他人に憎しみを与えるのか？　愛情や思いやりを与えるのか？　それは自由です。
だから逆に言えば、今が苦しく、貧乏で、重い病気でも大丈夫です。今日から他の存在に、思いやりと感謝、できれば供養をプレゼントしていけばよいだけです。違う形で、いつか必ず自分に返ります。生死をまたいででも、必ず返るのです。

生かして頂いて　ありがとう御座位ます

［思いやりだけが残ります　二〇一〇年八月十四日］

11 「思いやり力」がすべてを決めます

（前項の感想）

私たちは右往左往しながら、悩みながら、不安になりながら暮らしていますが、コノ世でどんな成功をしようが、栄華を誇ろうが、失敗しようが、悲しもうが、良い意味で残るのは、自分が出した「思いやり」の磁気量だけなのです。この自分が発電した「思いやりの磁気」の量だけが、今からの自分と、死後の魂の状態を形成していきます。淡々とした宇宙法則ですから、誰もこれを避けることができません。

生きる人間が他（人・動物・植物・自然・物……）に出す「思いやり」とは、非常に霊的に崇高（すうこう）なものです。宇宙の輝きなのです。

先祖供養ができる人間とは、恩を忘れない魂であり、思いやりを持つ魂の人です。だから先祖供養を否定するような人間は、恩知らずであり、他人を捨てる、浮気・不倫を平気でする、自分本位な未熟な人間だと、あえて極端な表現も可能性としてはあります。

悪徳な有料先生には、先祖供養をムダな行為だと否定するモノが多いです。まさに、このような特徴がすべて当てはまる輩（やから）です。

これは聖人である老子も言っていることです。その人間の先祖供養への「態度」を見れば、その人のすべて、その未来もわかると老子は断言しています（『柔訳　老子の言葉』第五十四章「老子が先祖供養を絶賛する」参照）。

要は、その人間の「思いやりの深さ」を見ているのです。

人間があまり理解していない「思いやりの気持ち」とは、宇宙を発生させたエネルギーにも類する非常に貴重で特異な「思い」（重い、重力）なのです。

貧乏で独身でありましても、「思いやりの気持ち」だけを持っていれば、絶対に大丈夫です。コノ世での人生を改善させ、自分の死後も保障する最高の財産になります。

仕事でも、思いやりのない人間と組みますと、すべてがダメになります。思いやりの深い社員と仕事をしますと、引き継ぎの時も「わかりやすい」資料が残されており、非常に楽でした。

実は受験勉強でも「問題への思いやりの気持ち」が、出題者の意図をわからせて正解を教えてくれます。思いやりの心がある子どもは、勉強も伸びます。

だから、子どもの「思いやり力」を伸ばす道徳教育が重要です。これが意外にも学力を高めさせることでしょう。

企業は、その人間の「思いやり度」を測る入社試験を、色々な角度から試すことで、会社を伸ばす社員を集めることができます。

高学歴の人間でも、思いやりの心がない人間は、社会ではまったく通用しません。学歴・経歴だけで社員を募集する会社は、これからはダメです。これからは学歴に関係なく、「思いやり力」を見る視点を持つ経営者の会社が伸びる時代です。

今の自分がダメな状態でありましても、生活の中で「思いやり」を意識していけば大丈夫です。必ず転機が来ます。

生かして頂いて　ありがとう御座位ます

［「思いやり力」が全てを決めます　二〇一三年六月二十九日］

12 スクリーンに反射する世界

映画やドラマを見るのは楽しいものです。一時間や二時間の間に、まあ色々なことが次から次へと展開するものです。危険な場面や悲しいシーンも付きものです。見ている自分自身は、絶対安全な場所（自分の部屋や映画館）から見ているのですから面白いのです。このような、ドラマと鑑賞者の関係とは、人生と魂の関係によく似ています。

二時間の映画＝八十年間の人生。
映画を鑑賞している「絶対安全な場所」＝自分の心の深奥。
映画の主人公、映画監督、おまけに見ている観客も、全部が自分自身。

人間は、自分の心の不死性を信じられない間は、悩み、迷い、苦しみます。やはり、死ねば終わりだと思っていれば、コノ世の苦しみは嫌だし、怖いし、慌てて罪を犯すこともあるかも知れません。**自分には時間がないと思い、**慌てて幸福になろうともします。慌てれば、余計に失敗もするものです。

ただ、このように思っている人も長く生きれば、人生のパターンを繰り返す間に、だんだんと観念していくものです。良い意味でのあきらめでしょうか。

死ねば終わりだと思いながらでも、真面目に人生を生きれば、自分の心の奥にある絶対安全な場所に行き着くことはできます。ただ、時間を要するのです。

それよりも早いうちに、自分の心は永遠であるから、慌てずにユッタリと自分の良心に沿って生きようと思える人は幸いです。

*もし災難に遭っても、「まあ仕方がない。また、やり直せば良い」。

*他人からイジワルされても、「いつかは自分に返るのに、気の毒な人だなあ」。

*病気になれば、「これも仕方がない。病気と付き合いながら、できる範囲で楽しもう」。

などなどと、何事も明るく受け入れることができます。このような心境が、結局は物事を早く好転させる結果につながります。

このような話の真実性を理解するために参考となる事実は、コノ世のすべては、「必ず変化して〝行く〟」という現象を見ることです。

歴史を見ましても、人生どころか文明や国家でさえも終わり、また違う場所で新しい文明が起こっているのです。この事実を延長すれば、死さえも「終わり」という固定ではなく、**変化の一側面に過ぎない**のです。

二時間の映画には必ず「終わり」という区切り（＝死）があるのは事実です。でも、映画の続編もあるものです。映画館には、必ず次の映画が流れます。

死が終わりではないから、先祖供養は重要なのです。死んだ先祖も、何らかの違う形で存在しているからです。先祖が生きたから、私たちが存在しているという事実は、絶対的な切れないつながりを意味しています。

先祖を供養すれば、自分が生かされるのは、反射する物理法則でもあります。ただし、反射を期待した自分のための供養は、欲望と迷いを自分に反射させます。

良い見返りを期待せずに、自分の状況が改善しなくても関係なしに、苦しい先祖がいれば可哀想だと思って「供養が継続できる」ことが、その人の供養の本物度を表します。

自分のための供養だったならば、意味がない、効果がない、と感じて必ず先祖供養をやめることになります。これで良いのです。まだまだ、他への供養ができる自分ではなかったということです。

生きている私たちでも悩むのですから、死んでからも悩み苦しんでいる先祖霊は、誰にでも必ずいます。

神様はこの現実界を、他人を助けようとする人は、自分自身を助けることにつながる反射の世界に創っています。このことに早く気づきましょう。

生かして頂いて　ありがとう御座位ます

［スクリーンに反射する世界　二〇一〇年八月九日］

13 彼岸とは、正しいお任せに至ること

明日から一週間ほどは、秋のお彼岸(ひがん)期間に入ります。要は、太陽軌道の節目の期間です。昼と夜の長さがほぼ同じとなる秋分の日（今年は九月二十三日）をはさんだ、前後の三日間を合わせた約七日間が仏教でいう彼岸です。だから仏教も、太陽を意識した宗教です。

では、昼と夜が同じならば、霊的には何が言えるのでしょうか？

新たな目標を持ったり、何かよろしくないことをやめる決意を、彼岸期間に始めたり、秋分の日に強く決意するのは良いことです。小さな節目にする期間です。

特に秋分は、春分とは違い、昼間が短くなる方向に進みますから、「やめる決意」が有効に働くとは言えます。太陽から、波動の後押しと援助を受けることになります。

人間は生きる限り、小さな決意が生活の中で必要です。精神世界でいう「あるがままに」は、「グータラでも良い」ではないのです。

自分ができる最善を尽くした上で、**後は「お任せ」で生きることです**。そして、現れる

結果には、執着しない、こだわらない生き方です。霊的には、結果は消えて行くので価値がないからです。「過程」こそが最重要なのです。

悩んだか？　迷ったか？　自分ができる努力をしたか？　しようとしたか？　そして、最後に自分の良心に従って行動をしたか？　が重要なのです。だから、迷えばよいのです。改善を決意して、もしそれでもダメならば、また決意をし直すことです。このモガク過程にこそ、霊的な意味と価値があるのです。アノ世に持参する磁気として残っています。

生きている短い間は、小さな改善をする決意と、反省、自分を静観することが必要です。精神世界には、アノ世の「時間が止まった次元」を垣間(かいま)見て、勘違いをして現実界で断片だけを誤って広めているものが多いのです。瞑想などは、まさにそうです。

釈尊だって瞑想をしていたじゃないかと反論されますが、釈尊は瞑想などしていません。くつろいで休んでいただけです。傍から見ていた人間が、それを「修行」だと大きな勘違いをしたのが始まりに過ぎません。釈尊の死後に、数百年後に構成された経典には、真相はないです。

瞑想で光を見た、覚醒した、ウンヌンの人間は、真の瞑想をしていません。それは魔界に落ちただけのことです。

瞑想とは、感謝しながら「今」を懸命に生きることです。無思考でおこなう禅の作務(さむ)こそが、瞑想の本意です。

いつの間にか座ることが本意にされてしまいました。

この時間が有限な現実界では、大いに悩み、モガキ、いろんな体験をし、そして「生かされている」ことに気づき、すべてに感謝ができれば、それで十分なのです。きれいに卒業できます。

生かして頂いて　ありがとう御座位ます

［彼岸＝正しい、お任せに至る事　二〇一〇年九月十九日］

14 悩み切れば、清々しさが来ます

（前項の感想）

離婚するか、仕事を辞めるか、学校を辞めるか……、色々な大きな人生の転機に悩む人は多いです。

言えますことは、**自分なりの最善を尽くした上でないと、**後から後悔するのが人間です。
1．あの時、もう少し私が、がんばれば良かったかな。
2．あの時、こうしていれば改善したのかな。
3．そして最悪は、今よりもあの頃のほうがまだ良かった。もったいないことをした。
などと思うことになるパターンが人間にはあります。

3番が最悪なのは、現状にも身が入らないことです。その過去に引きずられて、現状をも否定します。そして、また同じように現状を捨てる選択を繰り返すパターンに進むものです。

なぜ、前記のような後悔をすることになるのでしょうか？　それは、

＊その頃の状態での、自分のできる努力が足りなかった。
＊有料先生などの「他人の」意見に従ったために、自分の決意ではなかった。
＊一番大きな原因は、**自分で悩む時間が不足していたことです。**
もっと自分で悩んで努力していれば、後で絶対に後悔しません。現状がより悪くなったとしても、過去の自分の選択に納得ができるのです。


私が、企業向けのコンピュータ・ソフト開発の営業マンを十数年間してから、全然違う天然資源の仕事に転職する時は、まったく悩みませんでした。

その理由は、ソフト開発の営業を自分の限界まで「やり切った」と普通に思えたからです。次の仕事で失敗しようが、もう過去を振り返らない自信がありました。

寝床の下に、人の形のシミができるほど悩んで苦しんで仕事をした時もありました。**そのような自分が懸命に努力した苦しい経験が、次の転職へ明るく送り出してくれるのです。**


だから転職で悩むうちは、それはまだ時期が来ていないのです。自分が納得していれば、悩まずに行動するはずです。

転機を悩む間は、まだ現状で「自分がするべきことはありますよ」と、内在神がサインを送っているのです。内在神は、次の状態も予見して、「まだだよ」と教えていることが多いです。

このような理由で、「悩む間は現状維持」ということが言えます。

転機で悩む人は、大いに悩み切りましょう。他人に決めてもらいますと、必ず後悔します。**その悩んだ過程が、次の自分の状態を祝福してくれます。**

生かして頂いて　ありがとう御座位ます

［悩み切れば、清々しさが来ます　二〇一一年十一月三日］

15 神に何を見せるのか？

今朝は、釈尊のことを思い出していました。

釈尊は、神様については多くを語りませんでした。それが誤解されて、神などいないと釈尊が言っているかのような解釈もあります。

釈尊の本意は、まったく違うのです。そもそも、人間も動物も神様の一面であるから、「神」と分離させて認識する必要がないという意味でした。

わかりやすく言えば、自分の身体の一部（指や足や手など）だけを、自分から分離した別人格の別存在のように語るのはおかしいということだったのです。

これが、天上天下唯我独尊、すべては一つという意味です。


病気で寝ている人は、神様も病気を体験しています。

仕事で悩んでいる人は、神様もそれを体験しています。

隣人と争う人は、神様にも争いを体験させています。

なんとまあ、私たちという神様は、心にいる創造神に好き勝手な色々な体験をさせているのでしょうか。

どんな悪い人物でも「生きている限り」は、その人に神様が宿っています。そして、心の神様に悪行を見せて体験させてしまっているのです。

でも、さすがに心の神様（良心＝創造神＝内在神）が肉体に宿るには法則があり、「愛情」と「思いやり」の二つがない体験は、内在神がどんどん心の奥に〝隠れる〟ことになるのです。心の神様が奥に隠れますと、肉体の健康が消えて行き、寿命が縮まるのです。幸運も消えて行きます。

ただ、寿命に関しましては、生まれる前に自分自身で短命を選択している魂もいますので、短命な故人のすべてが、内在神が自分のおこないにより隠れたためとは言えません。これは生きている人だけへのメッセージであり、運命という予定は、コノ世の自分の努力で変化をするということを言いたいのです。

正確には人の寿命は決まっておらず、自分の生活の中での心の神様の維持次第で変化するものです。だから、健康と幸運を望む人は、自分の心の神様に「愛情」と「思いやり」

を他者に配る体験をさせてあげることです。

この体験を自分の内在神にさせてあげる人ほど、この消え去る物質の次元では、色々と心が楽しめる恩恵が来ます。

心が楽しいことが、最高の贅沢(ぜいたく)です。

どんなに裕福でも、心が楽しめない不幸な人が多いです。

逆に言えば、今、心が辛い人でも大丈夫です。自分の生活の中で、自分ができる「愛情」と「思いやり」を配る意識を持てばよいのです。これが良い因縁(いんねん)となり、必ず自分に反映してきます。

ただ、あきらめるのではなく、今から良い因縁を置いていきましょう。

釈尊は、宇宙は縁起(えんぎ)が反映して、必ず循環して流れて行くと言いました。今までの人は、この解釈を間違って、過去からの反射ばかりを心配して無駄な信仰行事ばかりに金銭を費(つい)やしてきました。

これからは、済んだ過去からの反射ではなく、**今から良い因縁を「新たに」創る視点を持ちましょう。**

過去からの反射は、今にする行為に比べれば、まったく大したことではありません。今の行為に「愛情」と「思いやり」が少なければ、弱い過去からの反射が大きく作用する錯覚が起こるだけです。

がんばって、今からを創造して生きましょう。

生かして頂いて　ありがとう御座位ます

［神に何を見せるのか？ 二〇一〇年八月二十六日］

16 過去よりも未来よりも今が大事

（前項の感想）

生きる人間は、今まさに毎日、善悪両方の因縁を作りながら生活していることを忘れています。因縁と聞けば、過去の出来事ばかりを想像して恐れますが、過去の因縁よりも、今の生活で作る因縁のほうが強く作用していることを忘れています。

すべての過去からの因縁の総計が、絶えず今なのです。だから今が苦しければ、その中でも何とかがんばりましょう。これを日々、自分の良心をもって努力していれば、自動的に過去の因縁は昇華され、未来への良い因縁が用意されていきます。

今という瞬間瞬間は、善悪両方を創造し得るすべての起点の「最中」なのです。

しかし人間は、この今を重視せずに、すでに最中ではない過去と、まだ来ない白紙の未来ばかりに視点が行く癖を持ちます。どうしても、今という最高の臨界点には感謝もせずにダラダラと消費して、終わった過去に視点が向きます。

これが、人間が目覚めない最大の原因だと感じます。

コノ世の大きな法則として感じますことは、今という時を懸命に大切にして、目の前の自分がするべきことに没入していれば、過去も未来も修復されるということです。
今を懸命に生きていれば、辛かった過去でも良い思い出に変わるのです。

しかし、今もダラダラと不満ばかりで生きていますと、辛かった過去はさらに憎むべき過去に感じてしまいます。

同じ過去であるにもかかわらず、「今の」自分の生きる姿勢により過去はプラスにもマイナスにも変化してしまうのです。

だから、すべてを決める起点が、絶えず今の時にあることを知っておきましょう。
未来を変えるのも、今の時なのです。未来が心配ならば、じっと未来を待つのではなく、今の自分ができることをしていれば大丈夫です。
今が起点となり、絶えず未来は変化しています。

例えば、「今日の」日本の未来は、政治家の発言により、米国が日本を守る気持ちが低下していると感じます。一度、世界の現実を見れば、日本人がした発言の愚かさを思い知るだろうと米国の一部に思われていると感じます。
日本人の命に関わることですが、そんなことに気づいている日本人はどれほどいるのでしょうか。しかし、「今日も」修復へのできる努力をしていれば、「明日に」感じる日本の未来は変わることでしょう。

私たち個人も、絶えず今の雰囲気を重視しながら、今にできる生活努力をしましょう。
過去を心配するよりも、今を大切にすることが未来にとっても最重要なのです。
何でも「明日する」ではなく、「今する」のです。

生かして頂いて　ありがとう御座位ます

［過去よりも未来よりも今が大事　二〇一三年五月二十九日］

17 一切にムダがなく、価値に満ちています

仏教の言葉で、因果応報（前世あるいは、今生の善悪の行為が原因となり、その報いとして善悪の結果がもたらされること）という考え方があります。

この言葉は、何か悪いことがあった場合に主に使われていますが、幸運なことがあった場合には使いませんね。でも、霊的な真理から言いますと、幸運な場合にも言える言葉です。

因果応報は一人の人間に対して、短い期間に原因と結果という一対一の「結び付き」が観察される場合には納得されるものです。

しかし、悪人が一時的な繁栄を謳歌するような様を見せられますと、この法則に対して人は疑問を持つものです。でも、因果応報は真理です。

つまり、**因果応報は、反映するまでの時間が一定ではないのです。**

十年後に反映するかも知れないし、今生では反映せずに、死後に反映するかも知れません。とにかく間違いなく、因果応報の反射はあります。

言えますことは、人生は短い期間だけを切り取って見ますと、不公平感と矛盾に満ちているものです。しかし、長〜〜い視点で見ますと、必ず帳尻(ちょうじり)が合わされます。

今回の皆さんの人生も、すでに因果応報の反射を受けた上での現状です。

ここで、ひがんだり絶望したりせずに、

「よし！　自分にはわからないが意味があるならば、現状を受け切って昇華してやろう！　そして未来につなげるんだ」

と思える人は幸いです。「生きているだけでも有り難い」という視点で見ますと、どんな人も幸いな人生のプレイヤーです。

だから短い視点だけで見て、自分の先行きを見て絶望してはいけません。

長〜〜い視点で見ますと、自分の良心に基づいて、自分ができることを懸命にしたか？、しなかったのか？、だけが悔いを残す問題なのです。

コノ世で消えてなくなる成功や失敗で、自分の心（内在神）を痛めてはいけません。

逆に言えば、因果応報を信じて、自分ができる善行を偽善でも良いからすればよいです。偽善でも長く継続できれば、**それは本物です。**

この現実界は、行動が優先する次元です。コノ世でしたことは、良いことも悪いことも、次元をまたいでも必ず反射します。

だから、コノ世の人生には一切のムダがなく、本当の価値に満ち満ちています。

私たちの魂が、決して死ねない永遠な存在であることとは、良い意味で恐ろしいことなのです。逃げも隠れもできません。

日本昔話では、人魚の肉を食べた人間が不老不死となり、苦しむ様が語られています。すべての知る人々との、死と別れを見届けて苦しみます。

私たちの魂も、不老不死なのです。だからこそ、自分の良心を優先して人生を歩くことが大切です。これが間違いがないのです。

短い期間の視点だけで悩み苦しむのは、やめましょう。

平成からは現実界で起こる波が、神界を含めた他の次元を左右しています。過去の文明ではなかった仕組みが、今に始まっています。

これに気づいていない有料先生が多いです。

生きる人間に対して善行ができない人は、せめて先祖たちと、縁ある人々への感謝の供養をおこなうことに意味があります。

大切な善行となります。ここから進展が始まります。

生かして頂いて　ありがとう御座位ます

［一切にムダが無く、価値に満ちています　二〇一〇年八月十日］

18 結果ではなく、がんばることに価値がある

（前項の感想）

「自分が、この原因を作ったから、この結果が起こった。」

この一対一の結び付き、関連性が、人生の時間経過のために私たちにはわかり難くなっているのがコノ世です。

因果（善悪）の関連付けが、わかり難い理由、人には見えないわけは何でしょうか？

また、このことは、私たちに他人を見て不公平感を起こさせる原因でもあります。もし、誰にでも因果の関連付けがわかれば、納得することでしょう。

（1）一対一の関係ではないことが多いからです。

三つの原因が、一つの大きな結果を起こすこともあります。逆に、自分が起こした一つの大きな原因が、二回以上に分かれて反射して〝来る〟こともあります。

（2）原因が反射・反映して結果が起こるまでの時間が、すぐの時もあれば、自分が忘れ

るほど長期の場合もありバラバラだからです。

さらに現実には、今生の中だけの帳尻とは限らないことなのです。過去生、死後も含めて、非常に長い視点の期間の中で善悪の帳尻が「完全に」取られています。

こうなりますと、生まれる時に「過去生の記憶をなくす」というルールの下(もと)では、因果の帳尻を自分で知ることはお手上げになります。

つまり、これが答えなのです。因果の帳尻を追求することに意味がないということなのです。知っても良いことがないのです。

つまり、とにかく自分に「起こる」ことには、一切のムダない、損がないということ。お手上げ、受け入れる、お任せ、素直になる……、このような気持ちを持つことが最善なのです。このような気持ちの人間には、因果の昇華が早く終わる、無難に済む、という現象が起こります。

人間には色々なことが現状にあり、色々なことが次々と起こりますが、すべてを素直に受け入れて流していくことも大切なのです。この態度が、人生にはもっともお得であり、幸運を呼ぶ因子となります。

忘れてはいけないことは、今日の自分が、白紙の明日を創造している最中だということです。忘れた過去や、見えない未来を心配して、因果を追求したり恐れたりして、今の時をムダにしてはいけません。

今日できることを今日にする。これで十分なのです。

そして、その中で生かされていることに感謝ができれば、大きな良い原因を今に置いていくことになります。

生かして頂いて　ありがとう御座位ます

［結果では無く、頑張ることに価値が在る　二〇一三年七月七日］

19 静観する勇気

人間とは、不幸に向かう時は自滅しているのです。不幸にさせる犯人は、本当は自分自身です。しかし不思議なことに、原因を自分に見ずに、必ず他に「発見しよう」とします。まさか犯人が、自分自身だとは思えないのです。つまり、他人や霊や土地が原因だと言われますと、なぜか安心している自分がいます。

この心理は、すべて自分が問題だったと気づきますと、どうすればよいのかがわからないので、これが怖いからです。今まで、自分なりにがんばったつもりでもあるからです。

要は、自滅しなければよいのです。

何かの問題があっても、あれこれと考え込まずに、「静観する勇気」が大切です。

コノ世的な自分ができる努力さえしていれば、後は成り行きを静観する勇気が必要です。

その流れに「お任せする」のです。

この「勇気がない」「時を待てない」と、心配して、心を痛めて、漏電して心身を消耗します。これが、元々の問題以外の新たな二次被害を呼び寄せます。これが自滅への道です。

静観していますと、自分が進むべき道や答えも、正しく見えてきやすくもなります。

運気や幸運とは、自分で創れるものです。これの正体とは、感謝の霊的磁気なのです。感謝の磁気を貯めますと、「類は友を呼ぶ」の法則により、感謝をしたくなる現実を呼び寄せます。**磁石のように、**感謝磁気には幸運が来ます。

自分の日常生活に感謝の磁気がない、不満な磁気が多い、先行きの不安な磁気、呪う磁気が多いと、似たモノしか寄らないのが現実なのです。

では、どうすればよいのでしょうか?

感謝の磁気を、日常の生活で貯めればよいのです。朝に感謝の先祖供養と、神棚の水交換。これは、現実界で効率良く感謝磁気を物理的に貯める装置だと思ってもよいです。水や線香は、霊的磁気との相性と関係が粒子的に深いのです。

そして、日常生活の中で「生かして頂いて　ありがとう御座位ます」と思いながら生活をします。すると体内の水分粒子に、感謝の磁気が蓄積していきます。

これを「継続」していますと、心というダムに感謝磁気が満ちてきます。その量に応じて、感謝をしたくなる現実が現れます。いや、「気づく」とも言えます。

本当はすでに、自分が気づかない感謝すべきことだらけなのが真相です。自分の視野が明るく広がります。

まあ生きていれば、色々と起こって「くれ」ますが、これも期間限定のことです。本当に貴重で大切な時間なのです。

やはり映画は、スリルとサスペンスがあるから面白いのです。

日本も、もうダメか、最後の最後が来たと全員が覚悟する時に、神風が「お待たせ〜」と来ます。いや、そんな焦らせるような神風は嫌だと思うならば、感謝の磁気を貯めていきましょう。

何となく、それなりに、必ず生きていけるものなのです。

生かして頂いて　ありがとう御座位ます

［静観する勇気　二〇一〇年九月二十九日］

20 良い原因となる種をまきましょう

（前項の感想）

静観するのは、勇気がいるものです。どうしても、それでもと何とか悪あがきをしたくなるのが人間です。しかし、コノ世の物事には、時間の経過を挟むことが、どうしても必要な場合があるものです。

種をまけば、芽が出るまで待つしかないのです。この時を待てないと、これから出る芽も潰しかねません。種をまくとは、自分ができる努力をすること、毎日の生活で良い継続を繰り返すことです。

［注意1］コノ世では、時間を挟むことが必要な視点もあるということ。

人間は、自分以外の他人の問題点が気になる習性があります。自分の問題点は気にならないのですが、他人の問題点には非常に敏感に反応しているのです。これがストレスの始まりです。つまり人は、自分自身を見ずに、他人を見ている比重が大きいのです。

自分を見る、省(かえり)みる視点が欠けているのが、今の人類の大きな欠点だと感じます。国家間でも、同じ問題があります。

しかし、精神を向上させるには、他人を見ずに、自分自身を内省する視点が不可欠なのです。他人の欠点が腹立たしくなる自分がいれば、それは自分の自我が大きくなり始めていると思いましょう。

自我（我良(われよ)し）が大きくなれば、すべてが苦しく感じるようになります。

［注意２］人間は、問題の原因を、自分以外に探す本能があるということ。
まず、自分自身に問題の原因を探してみましょう。

コノ世で、物事が改善する・成長する・生まれるには、原因が必要なのです。自分で、その改善への「原因」をまかないことには、発芽しないのです。種もまかずに、発芽を待っていてもダメです。

では、その原因とは何でしょうか？

これが、生かされていることへの「感謝磁気を蓄積」することなのです。

感謝磁気とは、霊的な万能通貨だと思います。何にでも変化して生み出すことが可能なのです。おまけにこの貯金は、死後にも持参できる通貨です。アノ世に持参すれば、黄金へと変化します。

コノ世におきましても、自分が蓄積した感謝磁気は、家族の病気も癒やすことができますし、色々な物にも変化して自分の所に来ます。

人間の心は、無限の感謝磁気を蓄電することが可能であり、感謝磁気は宇宙の太陽にも影響するものです。今が苦しい人も、感謝磁気を蓄電していけば、変わって行くことができます。

日々の生活を、この言葉の気持ちで丁寧に生きることが大切なのです。

生かして頂いて　ありがとう御座位ます

[良い原因となる種をまきましょう　二〇一一年十一月八日]

21 失敗などありません

多くの人間が、一番信じていないのが自分自身なのです。

だから他人を気にします。「自分なんて、ダメだ」と心の隅で思っています。だから、いつも不安感は消えないし、何かを始める前から失敗を恐れます。


でも、「生かして頂いて　ありがとう御座位ます」の視点を、本当に強く持つことができれば、そもそも失敗などは一切なくて、存在しないのが真実です。

なぜなら、失敗という経験ができること自体が、生きているからこそ体験できるのです。病院で生涯ベッドから出られないと告知されている人にとっては、「私も失敗でも良いから、何か経験がしたいよ～。ここから出たいなあ」と、他人の失恋話でさえもうらやましく聞いているものです。


生死の原点から見ますと、**どんなことも光り輝いているのがわかります。**

もっと、想像してみましょう。

親が子どもとケンカをしますと、見捨ててしまいたいほど憎いこともあるでしょう。でも、子どもがいるからこそ持てる悩みです。子どもが欲しい人には、うらやましい経験です。もし明日に子どもと死別をすれば、もっとケンカをしたかったとなるでしょう。子どもに関する悩みなどは、本当は親には一切ないのです。生まれただけで、十分に有り難いからです。悩まずに、子どもと経験をして生きましょう。

もう親の面倒を見るのは嫌だ。縁を切りたいと思う人はいるものです。でも、その悩みでさえも、自分が親の歳になれば、懐かしくて申し訳がなかったと、素直に思える時が必ず来ます。期間限定の必ず終わりが来る悩みです。これさえも、親の顔を知らない人間にとっては、自分も経験したかったことなのです。

仕事の悩みも同じです。仕事がない人にとっては、それでも給与が入ることはうらやましいことです。

どんなことも、生きているからこそ、です。

今が辛くて死にたい人も、それ以上に自分自身が生まれることを希望したから、コノ世に誕生しているのです。その辛い経験でさえも、本当は経験したかったのです。アノ世とは、変化がないという種類の苦痛がある世界なのです。

だから**期間限定ならば、**どんな苦しい前提条件（＝宿命。性別・生まれる国・親・先天的な病……などの不変な条件）があっても、それを自分で理解した上で、「挑戦したい、生まれたい、経験したい」と誕生しているのです。

そして今は、白紙の運命にどんな軌跡を描けるのかに挑戦している「最中」なのです。どれだけ、へなちょこパンチを打てるのかを、自分が試したかったのです。

だから、今がどんなに不幸で、辛くて苦しくても大丈夫です。

あなたは、内在する神様と共に体験しているのです。

そのすべてを、心に内在する神様が見届けています。

だから、一切のムダ、失敗というものは存在しません。生きている限り、挑戦ができます。安心して、自分なりに明るくがんばりましょう。

生かして頂いて　ありがとう御座位ます

［失敗などない　二〇一〇年九月十八日］

22 他を思いやる気持ちが、自分を助けます

皆さんの心（魂）が生まれる前のアノ世にいる時は、コノ世に生まれ出て色々と挑戦したかったのです。

一度の人生で、より大きな魂の成長（次元上昇）を成したいと思った魂は、自ら（みずから）の意志でより多くのハンディを選択して生まれます。ただ、実際に生まれてみますと、自分が選んだハンディに心が負けそうになっているのが現実なのです。

記憶をなくして生まれますと、自分が選んだハンディを不運だ、不幸だと思ってしまいます。また、他者と比較して、悲しんでもいます。

だから、今が苦しい人は、逆転の視点を持てばよいです。

自分が「避けることができなかった」苦しみや悩みがあれば、そこから逃げる視点ではなく、

1．自分自身の何かを昇華するための挑戦だという視点

2．その中でも白分の良心を大切にできるのかを、アノ世の自分が見たかったという視点
3．その嫌なことにも、自分がどこまで対応するのかを、自分の魂が見たいという視点

などを意識して、今の状況を見てみましょう。

すべては時間限定の間（人生）のことです。嫌なことは、避ける努力は大切です。それが人間の知恵です。

その上で来るものは、前記の視点が大切なのです。

先祖供養も勘違いしている人がいます。自分が苦しいから、自分の悩みを解決したいという思いから、先祖供養などする必要はありません。むしろ、それならば先祖供養は不要であり、やめればよいです。

心がどうしても苦しければ、精神科に受診するのが道理であって、先祖供養に逃げ道を求めてはダメです。

自分の意志で、先祖の「ために」供養したいと思える時に、「自分なりの方法」で先祖

に感謝をするのが先祖供養の本質です。先祖に感謝の気持ちを、自分なりに「向けること」が最高の供養です。

伊勢白山道式も供養の例に過ぎません。大切なのは、自分自身が他（先祖）を「思いやる」気持ちなのです。他に対して発した「思いやり」の気持ちが、相手に反射して自分を助けるのが霊的な真相です。

人間の幸運とは、自分が他人やモノに対して放射した気持ちの反射なのです。**自分から「出した」気持ちが、自分に反射して明日の自分を形成するのが真相です。**だから、自分が幸運を他から「得る」「もらう」発想では、その反射は自分が何かを「失くす」反射を呼びます。

神様にも、感謝を「捧げる」気持ちが最重要であり、これが祝詞（祝いの言の葉）なのです。これが反射して、自分に何かが「捧げられ」ます。

思いやりや気配りは、いくらでも他人に無料で配れます。その配った人は、大きなモノを返されることでしょう。

死後にも、自分に返されることです。生死を超えた御宝となります。
どんなことも、期間限定の人生です。
だから明るく、自分ができることをして生きましょう。
生かして頂いて　ありがとう御座位ます

［自分が「出す」気持ちが、自分を助けます　二〇一一年十一月二日］

23 もらうよりも、与える視点

良い神社とは、霊的に神域の全体が反射する鏡のようになっています。参拝者の本性が増幅(ぞうふく)されて、自分に自分自身の内面が鏡のように反射するのです。

神仏に対してお願いをする信仰は、自分が願い事をせざるを得ない状況を呼びます。つまり、あまり良いことが起こりません。神仏に感謝をする信仰は、思わず感謝をしたくなるような状況が自分に起こります。

鏡とは、**そのままが反射をします**。自分の勝手で「神様にお願いする→お願いすれば叶う」とヒネってはダメなのです。願うならば、願わざる得ない状況が継続しますし、感謝をしていれば、有り難い状況に向きやすいのです。

このような鏡の法則が、神社だけに留(とど)まらず、これからは各人の日常生活でもリアルに機能を始めると感じます。

自分の行動や考えている物事が、そのままリアルに自分に反射をした場合、困る人間と栄える人間とに、公平に自然と分かれていきます。

昭和までの幽界が強い時代は、コノ世だけではなく、アノ世も含めての善悪の収支バランスを取る傾向でした。これは善悪が反映するタイムラグが長いため、悪がコノ世で栄える理不尽な錯覚、不公平感を生んでいました。まあ結局は、これも死後にバランスを最後まで取らされる仕組みであるので、大きな視点では、どの時代でも完全な公平ではありました。

現在は、太陽電磁波の影響を受けて、コノ世内での霊的なサイクルが早まってきています。つまり、自分の思いの内容が反射してくるサイクルも早まっています。

精神的に前向きに感謝ができる人は、さらに明るくなれます。心が落ち込む人は、さらに落ち込み、ウツ病が激増します。

しかし、今もすでに暗く、心が落ち込んでいる人も大丈夫です。なぜなら、この記事を読んだからです。

この鏡の仕組みを知り、折れそうな弱い心でも良いですから、「生かして頂いて ありがとう御座位ます」と生死の原点へ感謝をしましょう。そうしていますと、今の状況の中でも、自分が感謝をするべき物事がたくさんすでにあることに気づきだします。

日常生活の中で感謝の視点を持てる人は、絶対に大丈夫です。感謝をしたくなる現実的な方向へ、自然と向きます。

いったい、いつの時代から「神様にお願いする↓お願いすれば叶う」とヒネった考えになったのでしょうか？

神様をも便利屋にしてしまう、人間の欲深い自我の発生と関係するようです。

今は自我が生み出した外在神は、消えつつあります。

宇宙人は実在する。私たちも地球にいる宇宙人だからです。

神様は実在する。私たちが生きているからです。

自分が生かされている奇跡に、気づきましょう。

生かして頂いて　ありがとう御座位ます

［もらうよりも、与える視点　二〇一〇年八月二日］

第四章

現実界だけが反射を生むカガミの世界

1 神剣を巡る旅1　東大阪市　神劔神社（みつるぎじんじゃ）

家族の夏休みの最後に、夏期休暇を取って旅行をしています。八月末は海外企業の年度末に当たり、九月からは新しい物事が始まりますので私は休みたくはなかったのですが、色々な事情が重なりこの日程になりました。

自然界の動きからも、八月末前後は微妙なバランス・ポイントです。その時期に、近畿〜東海地方を私がウロチョロすることになったのも神意だと感じています。

昨日は、大阪の河内（かわち）と呼ばれた地域に、楠木正成（くすのきまさしげ）が天啓を受け、神剣を納めた神社があると神示を受けて参拝しました。

神社の場所や正式な由緒は知りませんでしたが、今回はどうしても「神剣神社」へ参拝したいと地図から探した結果、ここだと浮かんでいました。別件で会った大阪の親友に「神剣神社って知ってる?」と聞きましたら、親友の家の近所にあるということで、案内をしてもらいました。

二メートルほどの道幅が多い、旧家が並ぶ町中にある小さな神社でした。神社の名前は、その名もズバリと神劔神社でした。

その狭い境内の中には、なんと「伊勢大昇大神」と刻まれた祭事石がありました。神剣と伊勢が、ここでリンクしていました。

神社の本殿の中には、両側に弓矢を引きにかかる武神が二体も安置されていました。政治的にも色々な意味で、国家安泰を伊勢神宮に「奉納」するべき時期が来ていると感じた一日でした。

……続く。

生かして頂いて　ありがとう御座位ます

［途中報告　1　二〇一〇年八月三十日］

2 神剣を巡る旅2　神宮神田

昨日とても感動したのは、神宮神田（じんぐうしんでん）を見られたことでした。伊勢神宮で使用されるお米を、神宮が直接に自ら（みずか）作っている田んぼです。

ここは、公式には公開されておらず、交通量の多い県道から注意して見るしかなく、車を停車させる場所も道路脇の数台分しかありません。

大和から天照太御神（あまてらすおほみかみ）を背負って来た皇女のヤマトヒメ（倭姫命（やまとひめのみこと））は、太陽神に捧げるお米を作る場所として、五十鈴川（いすずがわ）の近くのここに田んぼを定めたと伝えられています。

そして近年の、なんと平成元年（一九八九年）に、奇跡のお米「イセヒカリ」が突然変異でこの田んぼから誕生しています。最新のバイオ技術を駆使しても、簡単に新種の稲ができるものではないそうです。まるで、新しい天皇陛下を祝福するかのように誕生したお米です。

ただ、田んぼを見て意外だったのは、田んぼの畦道（あぜみち）がアスファルトで綺麗に整備されていたことです。最新の農機具も導入されているようでした。

神田（＝神殿）に、石油で道をふさぐのは違和感が大でした。

まあこれも、責任者が変われば時代と共に変化していくでしょう。

……続く。

生かして頂いて　ありがとう御座位ます

［途中報告　２　二〇一〇年八月三十一日］

3 神剣を巡る旅3　帰宅報告と旅のテーマ

先ほど無事に帰宅しました。

東大阪の神劔神社に始まった今回の旅行は、「神剣」がテーマだったようです。

伊勢では、伊雑宮に参拝した時、神社前にある小泉太志命さんという剣の聖人の剣道場において、少年剣道大会が開催されておりました。普段は立ち入り厳禁な聖域も、この日は開放されていました。

伊雑宮には三十年間近く参拝していますが、こんな日に巡り合わせたのは今回が初めてです。私も保護者に交じって、道場を見学することができました。とても興味深いものを見せて頂きました。剣の聖人からの導きと、剣つながりを感じました。

そして、今回の旅行前に神示があった、熱田神宮への参拝が旅の最後でした。実は生まれて初めての参拝でした。今までは、行く気がしなかったのです。しかし、今回の参拝では感動しました。この時期に行くべきだったようです。

熱田神宮に参拝前に神社正門前で、名古屋の名物「ひつまぶし」を頂いた時、伝説の三種(しゅ)の神器(じんぎ)の神剣の形を完全に理解しました。
伝説の神剣が明治まで保管され、その後、廃された社(やしろ)も、近年に再建されており、その場でも啓示を受けました。
今回の旅行記は時系列ではなく、テーマごとに思いついた時に、ランダムに記事に公開したいと思います。

……続く。

今日も本当に　生かして頂いて　ありがとう御座位ます

[途中報告　3　二〇一〇年九月一日]

4 神剣を巡る旅4　御垣内参拝

伊勢神宮の御正殿を幾重にも囲む玉垣の中で、神官により案内されて内側の玉垣の中で参拝をすることを御垣内参拝と言います。

今回は、写真集『太陽と大自然の神々の地、伊勢』の御礼を兼ねて、読者を代表して正式参拝をさせて頂きました。出発前から、内宮での「国家繁栄」の大々神楽の奉納と、内宮の御垣内において「国家安泰」と「天皇陛下の長寿」への思いを奉納するつもりで行きました。

正式参拝をさせて頂いて、伊勢の神様は生きておられるということを体感しました。不思議な奇異は一切なかったのですが、一つだけ言いますと、内宮御正殿の中重鳥居の真下あたりで、とても強い潮風に全身を包まれました。まさに前方の正殿が海であり、そこから海の香りがする風が吹いて来る感じでした。隣にいた家族にはわからなかったようです。

【御垣内 社殿の配置図】

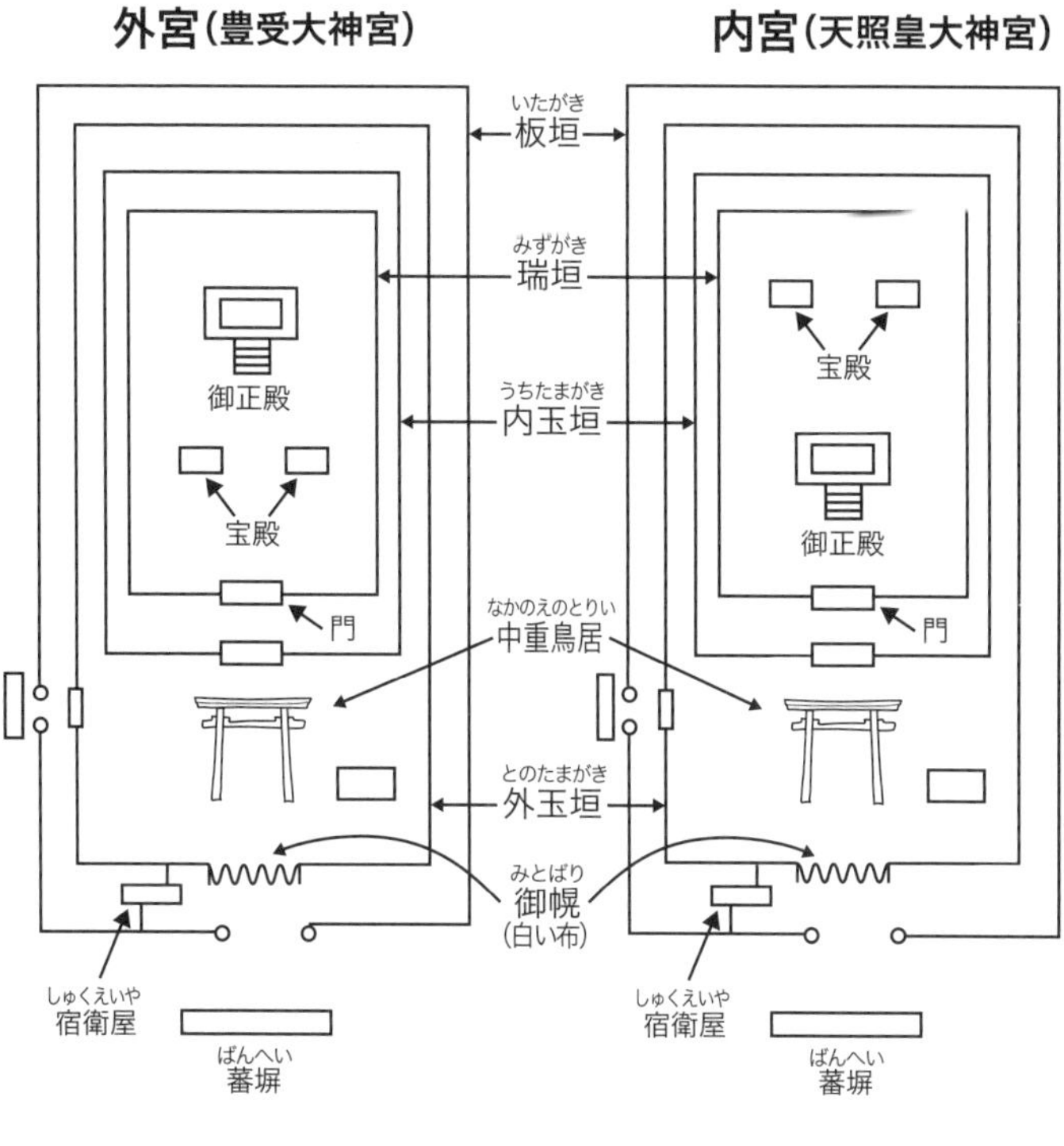
外宮(豊受大神宮)
内宮(天照皇大神宮)
いたがき
板垣
みずがき
瑞垣
うちたまがき
内玉垣
御正殿
宝殿
宝殿
御正殿
門
なかのえのとりい
中重鳥居
門
とのたまがき
外玉垣
みとばり
御幌
(白い布)
しゅくえいや
宿衛屋
ばんへい
蕃塀
しゅくえいや
宿衛屋
ばんへい
蕃塀

一般の参拝は御幌(みとばり)の白い布の外から参拝します。
御垣内参拝は外玉垣の内側に入り参拝します。白い玉砂利の上で大神の神気に触れることは、霊的に大きな価値があります。

二つの宝殿と正殿の位置関係が、外宮と内宮では前後が逆です。中の宝物が蓄電池のように霊的磁気を持ち、神気を増幅させると感じます。

伊勢神宮は明治時代まで、個人からの寄付や祈願を正式には受け付けていませんでした。その代わりに個人の願い事を厳禁にして、国家の安泰と繁栄だけを奉納する場所としていたのです。ただ、神宮に関する一切の運営費は、朝廷や幕府からの税金でした。

この二千年間近く続く仕組みを変更させたのが、明治天皇でした。明治天皇が伊勢神宮を個人にも開放させて、個人からの寄付や祈願を受け付け始めました。この変更の御陰で、現代の伊勢神宮は、税金に頼らずに寄付で運営されています。

もし明治天皇により、個人寄付の導入がされていなければ、戦後に伊勢神宮は存続できなかったかも知れません。まさに百年以上も前に、「神宮が存続できる体制」を明治天皇が予見して改革してくれていたのです。

ただ、これから政権が変わっていけば、財政難の名前の下に、無慈悲な緊縮財政が始まる可能性があります。

遷宮（二十年間ごとの建て替え）の余った寄付金を、神宮から「逆に」国へ寄付する仕組みや、信仰への課税を新政権は始めるかも知れません。

しかし、今回の内宮参拝では、ほんの数十年しか生きられない人間にはビクともさせることができない磐石(ばんじゃく)な神様の息吹が存在することに安心しました。

……続く。

生かして頂いて　ありがとう御座位ます

［旅行記１　御垣内参拝（みかきうちさんぱい）二〇一〇年九月二日］

5　神剣を巡る旅5　草薙神剣

伊勢神宮の参拝を終え、名古屋の熱田神宮へと向かいました。伊勢からは、すべて高速道路の乗り継ぎで気持ちよく行けました。

熱田神宮の近くの交差点に差しかかった時、家内が右手指先に電気がピリピリと走る感じがすると言い出しました。これは神気が強い神社では起こる現象です。神社の神気が、参拝者を誘導するために霊線を結びに来られた時に発生します。この現象が起こる時は、迷わずに神社に行けるものです。私には、高速道路を降りた時点ですでに、熱田神宮の神気が背中に来ていました。

神気に感応する初期段階のレベルの人は、指先や足先に電気が走るような感じがします。カンナガラになりますと、全身で電気（神気）を感じるものです。ただ、数十年間の精進を経ても、指先の神気を感じることができる人さえも非常に少ないのです。

感謝の先祖供養と神祭りをするだけの主婦が、神気の指先感応をするとは、時代の変化を再認識させられました。

そして辿り着いたのが、南門前の駐車場でした。時間は午後一時を過ぎていました。家族がこの近くに有名なウナギ屋さんがあるはずだから食べたいと言い、雑誌の情報では、いつも満席だそうだから無理かなと言いながら行ってみることにしました。すると店は、神社の正門前のすぐの所にありました。

店内は混んでいましたが、たまたま人数分の席がカウンターに空いていました。そして名物の「ひつまぶし」を家族全員が注文しました。

伊勢神宮の伊雑宮の目の前にもウナギ屋があり、熱田神宮の目の前にもウナギ屋があります。注文を待つ間に、この偶然をしばらく考えていました。

ウナギとは、朝日を拝む霊的な生き物だと感じます。特定の限られた海域での、ウナギの稚魚の受精と発生には、今でも科学的な謎が多いようです。

ウナギの稚魚は、男性の精子に形が似ている感じがしますので、ウナギの稚魚の量と、日本の男性の無精子症には相関関係があるかも知れないと思いました。要は地球上での生物同士の霊的な転写があり、すべてはつながっている感じがしたのです。

こうして空想する間に、ひつまぶしが来ました。

ひつまぶしが来たのは良いのですが、家族の誰も食べ方を知りません。隣席で一人で食事をされていた、品の良いご婦人の食べ方を横目で見ながら食べ始めました。

最初は、おひつに入ったウナギとご飯を茶碗に盛り、それだけで食べます。そして二杯目からは、ウナギ御飯を盛って薬味をのせた茶碗に上から出汁をかけて食べました。大量の汗をかいた後でしたので食欲は落ち気味でしたが、出汁の御蔭で茶漬けのようにスルスルとウナギ御飯が腹に入りました。

そして再度、御飯を盛ろうとしゃもじを手にした時、ある感応が来ました。それは、伝説の三種の神器の刀である草薙神剣についての啓示でした。

しゃもじ自体を、変わった形の神剣に幻視しました。剣の先端が波打つ花びらのように広がり、それに続く柄の部分は六十センチほどの長さであり、柄の中間が膨らんでいました。古文献では草薙の剣の形象は、菖蒲の「葉」に似ている記述がありますが、これは菖蒲の「花びら」の間違いだと私は感じます。

この形象を霊視した時、脳内でリンクする情報がありました。それは、大本教の出口王仁三郎）氏が描いた、国常立尊の人格神（人間の姿の神）の絵です。

この絵は、京都の出雲大神宮に出口王仁三郎氏が宿泊していた満月の夜に、国常立尊が拝殿奥の御神体山に示現した時の姿を描いていると感じます。その絵にある人格神の手には、非常に変わった神剣が描かれています。まさに先端が広がった刀です。

では、草薙神剣の正体とは何でしょうか？

……続く。

生かして頂いて　ありがとう御座位ます

［旅行記2　草薙神剣（くさなぎのみつるぎ）二〇一〇年九月四日］

6 神剣を巡る旅6　草薙神剣

ウナギ屋さんを後にして、熱田神宮の正門へと向かいました。鳥居をくぐる人々の大半が、鳥居の下で本殿に向かって一礼をされていました。帰る人は、振り返り丁寧な礼をされています。これは伊勢神宮でも見られないほどの確率で、大半の方が普通にお辞儀をされていました。

これには内心驚きました。おそらく地元の方は、昔から自然とされてきたんだなと思い、熱田神宮が大切にされてきた一面を見た思いでした。

新しくスッキリとした本殿を参拝した後、引かれるようにして本殿の右方向にある神楽殿へと歩いて行きました。現代建築家が設計した建物は、近代と古代が融合した斬新なものでした。カナダのクサマキの木のとても肉厚の大きな材木が多用されています。

そして神楽殿の裏手へと誘導されるように行きましたら、小さな新しい社殿がありました。私は、その高床式になった社殿の下から、非常に強い神気を感じました。社殿の下に眼が釘づけになるほど強く引き付けられました。

そこから小道を下りますと、その社殿の説明書きがあり、

「土用殿(どようでん)　明治二十六年の御社殿御改造まで神剣を奉安した御殿で、御正殿の東に相並んでいた。昭和四十六年、古式のままに元のこの地に復元した」

と書かれていました。

そういうことかと理解した私は、再び土用殿に戻りました。つまり草薙神剣がかつて奉安されていた場所に、一番間近に接することができるからです。神気の霊的磁気の痕跡は、必ずその場所に残留しているものです。

私の霊眼は、土用殿の基礎下の大地からの磁気に感応し始めました。そこで感じたのは、草薙神剣の概容でした。

二〇〇七年十一月二十三日のブログで「神話ヤマタノオロチ」という記事を書きました(『森羅万象3』第五章「ヤマタノオロチ伝説の意味するもの」参照)。

この時に書いたのは、異民族が所有していた鉄剣＝天叢雲剣(あまのむらくものつるぎ)のことです。これは戦闘用の両面刃の金属剣だと感じます。これは異民族を撃退した時に、複数の金属剣を取り上げ

ています。つまり、天叢雲剣とされるものは少なくとも八本以上は初期に存在したと感じます。

しかし現代には、この天叢雲剣は一本も存在していないと思います。その成分が鉄だったことも関係します。

なんと、神話の天叢雲剣＝草薙神剣ではありません。完全な別物です。

では、草薙神剣とは何でしょうか？

異民族が日本で搾取して集めた金（ゴールド）を使用して、宝剣を作ろうとしていた製造途中の物だと感じます。

タタラを焼いて金の剣を精錬していた最中に、スサノオの人格神（＝人間）が急襲しています。だから、製錬途中の非常に異型な形状の物を取り上げています。

つまり、金だったので大切に保管をされたのだと思います。ただ、この金の純度が悪く、水銀の添加もされていたので、草薙神剣は白金(プラチナ)に近い感じに霊視では観えます。

古文書によりますと、草薙神剣は外側から木箱―石の箱―くすの木の箱、と三重の箱の中に安置されており、その箱の間には赤土が詰められているそうです。この赤土は、水銀の元である朱砂（しゅしゃ）（水銀を含んだ赤い砂）だと感じます。金の精錬の時に使用した水銀の砂だと思います。また、防火対策の意味もあったのでしょう。

草薙神剣は金ですから、現物はやはり光って見えると思います。

結局、草薙神剣は武器としての剣ではなく、金製品（金の宝剣）だったがゆえに大切な神事の道具としての「寄り代」に使用されたのが、その正体だと感じます。

九州から今の奈良へと邪馬台国が移された後、代々の卑弥呼（ヒミコ：日見子）により、神事の寄り代として草薙神剣に神気の磁気が蓄積されていきました。古代後期の最も優秀なヒミコであった倭姫命（やまとひめのみこと）により、八咫鏡と共に伊勢神宮へと草薙神剣は運ばれています。

さて、現代はどこに草薙神剣はあるのでしょうか？

私は、土用殿に明治時代には確かにあった、というのが大きなヒントだと思います。

つまり、明治天皇が三種の神器に干渉しないはずがないと思うのです。日本の明治以降の大躍進。そして世界大戦に破れても、世界を代表する経済力を有するまでの奇跡の復活が成せたのは……、ある意味では神がかっています。

古来バラバラに安置されていた三種の神器を、明治天皇は移動させていると、私は感じます。それが神威を発動させて、国を盛り上げたと感じます。

問題は、どこで三種の神器を面会（正確には今は二つが同じ場所）させたのでしょうか？

今後、三種の神器が三つともに同じ場所で安置された時、新たな国力が発動すると感じます。

時期が来れば、書きましょう。

付記：日本の長い歴史には、超古代から含めて様々な時代に、多数の似たような神剣伝説が複数存在したと理解してください。時代時代に応じて、天叢雲剣、時には草薙神剣として、ヤマタノオロチの尻尾から取り出した不思議な青い光（正体は放射線）を発光する神剣も含めて、数十本の神剣の発見と、紛失の物語があったことを感じています。

……続く。

生かして頂いて　ありがとう御座位ます

［旅行記3　草薙神剣（くさなぎのみつるぎ）　二〇一〇年九月五日］

7 神剣を巡る旅7 子安神社

伊勢神宮の内宮の入り口にある宇治橋を渡りますと、参道は右方向に曲がります。これを曲がらずに、橋の正面の方向に歩いて行きますと、奥へと続く道があります。

そこには、内宮がある土地の地主神ともされる大山祇神社と、その娘神に相当する子安神社が存在します。

子安神社の御祭神は、木花咲耶姫命です。

大山祇神社は旧称を山神社といい、御祭神大山祇神は五十鈴川の上流に広がる森林地帯の神路山の守護神とされています。この神様は、伊勢の写真集で登場する伊勢の森林地帯の山の神様です。

私の感応では、大山祇神とは父神・スサノオ神のことであり、コノハナサクヤヒメノ神はスサノオの娘です。なんと伊勢神宮の内宮の奥にはスサノオの山が広がり、スサノオと娘が内宮の入り口近くに居を構えていることになります。

ここで神話の面白い話があります。

コノハナサクヤヒメノ神は、オオヤマツミノ神の娘にして、「天照太御神の孫」であるニニギ神の妻とされています。そしてコノハナサクヤヒメノ神には、イワナガヒメノ神という岩のような不美人な姉がいました。

コノハナサクヤヒメノ神と恋に落ちたニニギ神が、父親のオオヤマツミノ神（＝スサノオ）に結婚を申し込みました。するとスサノオは、姉のイワナガヒメノ神を不憫（ふびん）に思い、姉妹の二人共を天孫ニニギに差し出したのです。しかしニニギ神は、美しい妹だけを受け取り、姉をスサノオに返してしまいました。

これを怒ったスサノオは、

「美しい妹だけを妻にしたのでは、天孫の寿命は短いものとなるであろう」

と言い残しました。このようにして、最初は不老不死であった天孫＝人類に、寿命という区切りが発生したのです。

また、コノハナサクヤヒメノ神が妊娠した時には、姉のイワナガヒメノ神は悲しんで言いました。「天孫ニニギがもし私を妻に選んでいたならば、生まれて来る子どもは岩のように永遠の命を授かったでしょう。しかし、妹の子では、花が散るがごとく短く、儚（はかな）い命となるでしょう」と。

このようにして、「思いやり」のない「ワレヨシ」な選択を人類が始めてから、ドンドンと人間の寿命が縮まったのです。

そして、この妊娠話にはもう一つの物語があります。

ニニギ神と結婚したコノハナサクヤヒメノ神は、一夜で妊娠してしまいました。これを不審に思ったニニギ神は、それは自分の子どもではないと言い出しました。

そこで、浮気の疑いを晴らすためにコノハナサクヤヒメノ神は、出入り口をふさいだ小屋に火をつけ、燃え盛る炎の中でホデリ命(のみこと)・ホスセリ命・ホオリ命の三人の子どもを無事に出産しました。

もし浮気ならば、焼死してしまったでしょうが、無実だから無事に出産できたという主張でした。このことからコノハナサクヤヒメノ神は、出産と安産の神様として信仰を受け始めました。

この神話の出産部分は、コノハナサクヤヒメノ神が子授けと安産の神様だと説明するために、人間が想像して後付けをしていると感じます。

こんな命を懸けるような危険な証明を、父親のスサノオは絶対に許しません。

これはむしろ、姉(恋敵)からの強い呪詛(じゅそ)(呪い)を受け、夫からもイジワルをされても、コノハナサクヤヒメノ神の母性愛が勝り、三名の立派な赤子を産んだということだと思います。

たとえ命がハカナク尽きるとわかっている子どもでも、コノハナサクヤヒメノ神は産みたかったのです。これは、人間は必ず死にますが、最後まで希望を持って生きましょうという神話だと感じます。

内宮の子安神社には、安産・子授けを願う親たちがたくさんの鳥居を置いていました。鳥居には、願い事が書かれていました。個人の祈願は、神宮の神域でも異様さをかもしだしていました。

これでは神宮の神域が稲荷信仰と同じ気配だと遺憾に思った私は、近くの売店の女性に「この鳥居を捧げる風習は、いつ頃からですか？」と聞きました。すると「ここ五、六年ぐらいの最近のことですよ」とのことでした。

捧げられた鳥居の新しさから見ますと、神宮は定期的に撤去はしているようです。子どもを思う親の気持ちを考えますと、これも時代なのかと思いました。

しかし、こういう神様にすがり祈願する形よりも、神様を自分が守り感謝する姿勢のほうが、本当は御蔭を早く頂けるのです。

このような逆になる作法をしていることが、信仰の場にはたくさんあるのです。

これも人間が持つ欲心が、神様への作法を変えて行くのでしょう。

……続く。

生かして頂いて　ありがとう御座位ます

［旅行記4　二〇一〇年九月七日］

8 神剣を巡る旅8　伊勢の注連縄と神話

伊勢に行きますと、お店や個人宅の玄関に一年を通して独特の注連縄が飾られています。伊勢の注連縄を眺めていますと、まさに相撲の横綱が締める化粧まわしを思い出します。

1. 力強い四股を踏む（しっかりと大地に立つこと）。
2. オレンジ色の果実（太陽神）
3. 海藻（海の神）　そして、
4. 稲ワラの結束（神様のククリ作用）

などなど、とても縁起が良く力が湧き出る「霊的象徴」を含んでいます。

神話によりますと、注連縄の起源は、

5. 天照太御神が、世の中に嫌気がさし、天岩戸の暗闇に引きこもってしまった（現代人の心身症の起源）。
6. お笑い、ご馳走、踊り（運動）などによる神々の歓声に興味を持って、暗闇から顔を出された時に、

7．天照太御神が再び暗闇に戻るのを防止するために、天岩戸の出入り口に注連縄を張ったのが始まりです。

これの意味は、天照太御神＝その子どもである私たち人間、のことであります。つまり、現代人の引きこもりや心身症の再発を防止するには、1〜7の象徴の要素が有効なのです。そして神話では、暗闇に注連縄を張って封印したのが、フトダマノミコト（太玉命）神だとされています。

私の霊視によりますと、この太玉命の形象は、ユダヤ系（ガド族）の人格神（人間の形象）に観えます。

なんと天照太御神、この場合は皇室の先祖である人格神を心の病から救いだしたのは、ユダヤ人だったと解釈ができます。この霊的反射は、現代にも存在するかも知れません。

古記伝承によりますと、太玉命の子孫は、四国・阿波の忌部氏へと通じます。大嘗祭（新しい天皇が皇位継承に際しておこなう宮中祭祀であり、国家神と合一するための神事）の時に神様に供えられる大麻の織物「麁服」は、古くから忌部氏により調進（朝廷から依頼を受けて納めること）されていましたが、中世から数百年間も途絶えていました。それが大正天皇の大嘗祭からまた忌部氏の子孫が調進するようになりました。

明治時代末期に忌部氏の子孫から復活運動があったそうですが、私の感応では、忌部家が織った布地の使用を復活させたのは、明治天皇です。ここでも、明治天皇が登場しますね。

私の予想では、忌部家（今は直系の三木家）が織る麁服には、古代ユダヤのガド族の織物の特徴が含まれているはずです。

天皇の地位の呼称でもある「ミカド」とは、ガド族に丁寧の「御」を付けたとも言えます。

大昔のロマンを感じます。

この伊勢の縁起の良い注連縄を、私の自宅にも飾りたいと家族に相談したところ、玄関の外側ではなく、家の中（玄関の内側の横壁）に飾ろうということになりました。外国人の方の日本趣味のような使用になりますが、これも良いかなと思いました。

伊勢の神具屋に行きますと、特大・大・中・小と大きさの段階があり、この時は中サイズしかありませんでした。中サイズで二千円でした。職人が自然素材で作成した物にしては安いなと思いました。いかにも伊勢らしいので、お土産用にも買いました。

ただ、店の人の話では、時期的に年末の十二月に入ってから買うのが最良だそうです。

新しい稲ワラを使い、飾り付けのバリエーションも豊富だそうです。十二月に再び伊勢に行くか、ネットで特大サイズを求めたいねと家族と話していました。

しかし、明治天皇の偉大さには驚かされます。明治時代に霊的な大革命をしていたのです。それが、現代まで続いています。

生かして頂いて　ありがとう御座位ます

［旅行記5　伊勢と神話の旅ロマン　二〇一〇年九月十日］

9 不死性を取り戻す

神話とは、神界のこと。コノ世のこと。喜怒哀楽。コノ世の秘め事。そして宇宙的な真理。すべてを含んでいるものです。何通りにも読めます。

例えば「神剣を巡る旅7　子安神社」(二六七ページ)にも登場したこの姉妹神の物語です。

妹のコノハナサクヤヒメノ神＝期間限定の美しい「肉体」。

姉のイワナガヒメノ神＝肉体を持たない「心」＝永遠なる神性(内在神)。

この姉妹は、「一人の女性」の肉体と心を表現したと思えばいかがでしょうか?

つまり、この神話の時は、スサノオの娘は実際には一人しかいなかったのです。

心には形がなく見えませんから、これを形だけの比較で不美人だと表現しています。

宇宙には、心が先に生まれ、心の転写が肉体です。だから「心＝姉」「肉体＝妹」とも、この神話は示唆(しさ)して教えています。

父神スサノオは、現実界に降臨して人間になったニニギが、美しい肉体ばかりを自分の娘に求めていることを心配したのです。娘の美しい心も、評価をして求めて欲しかったのです。

そうでないと、娘の肉体が加齢と共に衰えた時に、肉体ばかりに目を奪われているニニギに娘が捨てられるのではないかと懸念を抱いたのでした。

するとスサノオの予想通りに、人間ニニギは「心なんかよりも、美しさと若さが欲しいのだ〜」と言わんばかりに、娘の心の美しさを見ようとはしませんでした。

そしてイワナガヒメノ神を返されたスサノオは、「美しい妹だけを妻にしたのでは、天孫の寿命は短いものとなるであろう」と言い残しました。

つまりこれは、ニニギ（＝人間）が肉体**（見える物だけ）**を選び、心（内面、永遠なる神性）を捨てたので、寿命という期限が発生したと神話は教えています。

だから逆に言えば、人間が不死になるのは、自分の内面に神性を取り戻した時なのです。

また神話の続きですが、コノハナサクヤヒメノ神が妊娠した時に、姉のイワナガヒメノ神が悲しんで言った言葉、「天孫ニニギがもし私を妻に選んでいたならば、生まれて来る子どもは岩のように永遠の命を授かったでしょう。しかし、妹の子では、花が散るがごとく短く、儚い命となるでしょう」。

これも内在神の視点からの解釈に切り替えますと、姉の嫉妬による呪いの言葉ではなく、人間ニニギが内面を重視しなかったために、その子どもも内在神が隠れたままでの連鎖が続くことを嘆いているとも言えます。

そして神話は、肉体だけを重視したニニギによる、浮気疑惑からの痴話喧嘩へと発展していくのです。それも命懸けの証明騒ぎとなります。

スサノオの懸念の通りとなるわけです。

やはり人間は、見える物事だけに執着をしますと、不幸になるようです。

異性のパートナーを選ぶ時は、肉体が衰えた後でも共に仲良くできる相手かどうかを考える視点が大切ですね。

もちろん、肉体を持つパートナーが不要な心の高い段階があります。自分の心の内在神が、最高のパートナーであるのは確かです。

とにかく自分に起こる現状を受け入れて、内面を見つめて生きましょう。
これが心の不死性へとつながります。

生かして頂いて　ありがとう御座位ます

［不死性を取り戻す　二〇一〇年九月八日］

10 遷宮の新しい視点

過去にも、御稲御倉について記事を書いていますが（『宇宙万象　第3巻』第一章「御稲御倉の秘密」参照）、倉の中には神宮神田で収穫された稲が納められています。

今回（二〇一〇年八月）の参拝で、特に目立って見えたのは屋根に生えた雑草の量です。前回よりも増えた感じがしました。

ただ、雑草と言いましても、なぜか品のある変わった草でした。ここで面白く思ったのは、屋根の片方だけに草が生い茂ることでした。

正面の左側の屋根だけに多く生えています。この左側の屋根の下に、もの凄く生命力を宿す物が置かれている影響を受けて草が多いとすればロマンがありますね。

神宮神田で作られたイセヒカリ米は、それぐらいの生命力を宿すのかも知れません。ただ、過去記事で少し触れました、もう一つの「重要な物」が御稲御倉に安置されています。

それは何かについて調べますと、皇學館大学の先生によりすでに公開されていました。

それは、伊勢神宮の御正殿の真下に埋められる御神体である、新しい心御柱のことでした。

他の文献と合わせてみますと、心御柱は百六十二センチほどのヒノキ木材であり、これを御神体として御正殿の真下に一本埋められています。そして、御正殿の床下には、心御柱の上部が出ており、この柱に自然界の供物を捧げることが重要な神事の根幹とされています。

これの原型は、伊勢白山道では白山の三本の石柱にあるとします。

後世に地中に消えた石柱の代わりに、木の柱を地上に立てたと感じます。この木の柱の露出した上部に取り付けた雨除が屋根となり、この屋根が現代の立派な御正殿に進化したと感じます。だから御正殿のこだわりは、屋根の形状にあります。

地中の石柱　↓　一本の木の柱　↓　御正殿の流れです。

だからさらに言えば、今でも一本のヒノキの木材を地面に突き立て、その木の先端に大麻の皮を巻いて寄り代とすれば、それは自然界の神気を呼び寄せる立派な御正殿の機能を霊的にし始めます。

私たちも家を建てる時は、地面に柱を立てることになります。やはり自然霊に干渉する行為であるのは確かです。地鎮祭は、土地の精霊への大切なセレモニーです。

ただ、心御柱の神事作法については神官同士でも、それについて話さない暗黙のオキテがあるようです。御神体に関わらない神官は、まったく一切内容を知らされないようです。

しかし、神様を祭る原型を究明しますと、避けては通れないことだと思います。


ここで興味深いのは、天皇陛下と心御柱の関係です。

四百年ほど前の文献「大神宮心御柱記異本」によりますと、遷宮により御正殿を建て替える時の新しい心御柱は、時の天皇の身長に合わせて長さを切ったとあるのです。「心御柱＝天皇陛下」でもあるのです。

私の感応では、神宮の遷宮（建て替え）を二十年間ごとに繰り返すのは、天皇陛下の交代とも関係したと感じます。絶えず時の天皇を祭るという観点から、二十年間の節目が区切りが良かったという説を思います。

ここにも歴史の面白さがありますね。

生かして頂いて　ありがとう御座位ます

［遷宮（せんぐう）の新しい視点　二〇一〇年九月二十一日］

11 私たちが神だった

亡くなった人は、今回の人生を振り返る死後の四十九日間のバルドォ期間に、自分の人生のすべてを早送りで見せられて、それを見た上での心の心境で固定されます。

そして、その心境と同じ魂が集まる次元へと引かれて行きます。アノ世は、完全に似たもの同士の魂が集まる世界です。国境も人種も性別も関係ありません。

似たもの同士だけが集まる世界は、好きですか？

もし、コノ世の次元で似たもの同士だけが住む規則で、町が存在すれば興味深いですよ。掃除が嫌いな人だけが集められて住む町は、いかがですか？　どんな町になっているでしょうか。

殺人者だけが住む町。他人をイジメ、陰口を叩く人だけが住む町。

また一方では、掃除好きな人だけが住む町。他人を助けることに喜びを感じる人だけが住む町。

瞑想ばかりして働かない人だけが集められた町。ＳＥＸばかりしたがる人が集まる町。

それぞれの町を第三者が傍観した場合、その町を何と呼ぶのでしょうか？　ゴミの町、地獄のような町、天国、色情の町……、色々と名づけて呼ぶことでしょう。

アノ世では、引力のような法則が働いていて、それぞれの魂が持つ磁気に応じて、厳格に自らそれぞれの行き先へ進んで行きます。

自分と同種な磁気に引かれるのが、**一番気持ちが良いからです。**

だから安心すればよいです。誰も裁かないし、強制もありません。自分の心境と同じ魂が集まる世界へと行くだけです。

だから、自分に嫌な面があれば、生きている間に「気づいて」改善できればよいですね。ただ、気づくためには、他人が必要なのです。他人との接触、つまり他人の内在神の「鏡」に自分を映すことにより、本当の自分が見えてくるのです。

アノ世の次元は、大きく十一段階の次元に分かれ、それぞれの次元には世界が無数に存在します。

次元の崩壊が幽界（四次元）から進んでおり、最終的には今の現実界にすべての次元が転写して来ます。その時、亡くなっても魂が行く次元が、今のこの次元しかありませんので、人間は不死になっていきます。

また次元の崩壊に並行して、コノ世では科学的な新発見が様々な分野で起こります。それは、昭和の時代の次元では、絶対に不可能だったのです。その真相は、次元の変化が陰で起こるということです。

問題は、すべての次元が今の世に転写して来るのがいつなのか？　ということです。

これは、未来は白紙なので神様もわかりません。私も楽しみです。

ただ言えますことは、地獄の次元で苦しんでいる縁者がいれば、それを救い出せるのは、霊線でつながる生きる人間なのです。だから地獄の心境にいる魂にとっては、感謝の供養の光の糸をもたらす子孫は、神様に観えるのです。供養するあなた自身が、神様や観音様のように、あちらの次元では実際に出現しています。

逆に言えば、この次元で生きる私たちにとっても、私たちを何とか救おうとする別次元の縁ある霊的存在（神様や高次元にいる先祖霊）がいるのです。それらの高貴なる存在も次元をまたぐために、私たちと同様に手探りで神界や霊界において、私たちがおこなうような供養的な祈りの模索をされています。

それほど次元の境界の通信には、巨大で絶対的な断絶があります。

コノ世だけが、すべての次元と通じており、すべての段階の魂が共存する稀有(けう)なる場所です。他の次元では、区別が厳格です。

いかがですか?

今の有り難さが少しわかりましたかね。

だから、コノ世にいられる間は、感謝しながら思いっ切り生きましょう。

生かして頂いて　ありがとう御座位ます

［私たちが神だった二〇一〇年八月二十五日］

12 世界の建て替え・建て直しが始まる

（前項の感想）

「次元の崩壊に並行して、コノ世では科学的な新発見が様々な分野で起こります。それは、昭和の時代の次元では、絶対に不可能だったのです。その真相は、次元の変化が陰で起こるということです。」

つまり、他の次元が崩壊するごとに今の現実界へと、その次元の思い、エッセンスが転写して来ています。

他の次元から来る「思い」を心で受信した科学者が、新しい発明を起こします。真の科学者とは、非常に優秀な霊媒者でもあるわけです。

ノーベル物理学賞を受賞された湯川秀樹（ゆかわひでき）博士は、寝床の枕元に必ずペンとノートを準備されていました。夢の中で多くの知恵が浮かぶからです。夜中に急に起きて、ペンを走らせる湯川博士を奥さんは日常的に見ていました。

ひらめきの天才数学者と評された岡潔博士は、よく風変わりなこともおっしゃっていました。夢の中で小さな女の子に連れられて、森の中を散策しながら数学を解いていたと言います。また、その精霊のような少女は、

「二〇一二年の日本に、天照太御神が復活します」

と岡博士に伝えたというエピソードがネット上であります。岡博士は、一九七八年に亡くなっています。

私の感応では、これは真実です。二〇一二年四月に、伊勢神宮の臨時祭主に黒田清子様が御就任されたことを予言しています。

この時から、日本の運気が大きく転換しています。大きな太陽の波動が、日本のすべての働きに陰から影響しています。

今年（二〇一二年）に遷宮（建て替え・建て直し）を迎える伊勢神宮に合わせて、世界も大きく「建て替え・建て直し」が始まることでしょう。

今も伊勢神宮への参拝が継続して増加していますが、これは大事なことです。多くの人々からの「生かされている感謝」の気持ちが奉納されて、ますます神意が発動できます。

昔の大衆が何でも「ええじゃないか」とこぞって伊勢神宮へ参拝したように、これからの世界を良くするような思いが本当に必要な時節です。

地球も、日本も、太陽により生かされることでしょう。

今日も夢を持って、明るく生きましょう。

生かして頂いて　ありがとう御座位ます

［まあ、ええじゃないか　二〇一三年六月四日］

13 落雷の増加と人類の新たな進化の始まり

昨日、千葉県でおこなわれた、十八社の神社の御神輿が参加する「大原はだか祭り」において落雷事故が発生しました。

二つの御神輿の屋根を接触させて高く掲げた時に大音響と地響きが起こり、御神輿を担いでいた三十四名が一瞬にして地面に倒れたそうです。その内の二名が重傷でした。

去年の記事でも予告しておりましたが、とにかく低い位置への落雷が始まっています（『宇宙万象　第1巻』第一章「雷への対策が必要です」参照）。

携帯電話の関係者に聞くところによりますと、携帯の電波塔への落雷件数が毎年数倍のペースで増えている異常な事態が実際に発生しているそうです。

私の住む町でも、道路のマンホールのフタに落雷して、重い鉄のフタが舞い上がったことがありました。

周りには電柱があるにもかかわらず、道路に落雷しています。

遠くで雷の音を聞けば、建物の中にいることを心がけたほうが良さそうです。**音が聞こえる時には、すでに自分の頭上には雷雲が存在するとのことです。**

やはり異常気象により、落雷も従来にない現象が始まっています。太古の地球上で生命が初めて発生する前に、雷が地球表面をおおう世紀が長く存在したことを考えますと、これから新たな進化が発生するための自然界の準備が始まったのかも知れません。

それは、生きている人間の遺伝子のククリ直しとも言えます。

これから日本国にも、ククリ直しが起こりそうです。

国旗も愛国心もダメなことだと低学年から教育されて、半世紀以上が過ぎた国民の、のび太君（日本人）。

一方では国が侵略された時に、何が起こるかの恐怖と愛国心を幼児期から教え込まれた国民のスネ夫君。

このような二つの国（のび太とスネ夫）が対峙（たいじ）した時に、どうなるのでしょうか？

その二国の争いを、ニタつきながら陰から見ているイジメっ子のジャイアン君（複数の勢力）がいます。

今の子どもたちを育てる責任感を思いますと、何とか世の中が平和に進んで欲しいものです。

口先だけの精神世界ではなく、現実的な生活と社会にどう順応して生活していくかが問題です。

やはり神様が示した、この言葉がカギとなるでしょう。

生かして頂いて　ありがとう御座位ます

［今日の日記　二〇一〇年九月二十四日］

14 心の安心を守ること

自分で自分の心を守る気持ちは大切です。自分が怒りや悲しみを感じるからと、ただその気持ちを暴走させてはいけないのです。最終的には、その嫌な気持ちを膨張し継続「させている」のは、他人ではなくて「受け取った」自分自身なのです。

日本には、礼節（れいせつ）という言葉があります。「礼儀」と「節度」は、古くから大切にされてきました。特に節度が大切です。節度とは、行き過ぎのない適当な程度、という意味です。つまり仏教の中道（ちゅうどう）であり、神道の正中（せいちゅう）でもあります。

自分の嫌な感情は、自分のものであり自分の勝手だとして、暴走させてはダメなのです。そのうちに本当に分離して、自制が利かなくなります。こうなりますと精神的な問題の始まりです。

少し嫌な芽が出てくれれば、自分で「生かして頂いて　ありがとう御座位ます」と思いながら、刈り取っておきましょう。

人間には、暴走する可能性のある馬に引かれる、馬車の四要素があるのです。

1. 先頭に座り荒馬をコントロールする操縦者……意識と自我
2. 装飾された馬車……人間の肉体
3. その中に座す高貴な人物……内在神
4. 馬車を引く馬……感情、志(こころざし)

馬車を暴走させるのか、安全に走るのかは、操縦者である自分次第なのです。外部から来る刺激をただ受け取って、馬を暴走させてはいけません。そのうちに馬車も転倒してしまいます。どんな刺激がやって来ても、馬を「自分でなだめながら」安静を心がけます。

そして、足元の石コロばかりを見ずに、遠方へ真っ直ぐと自分の視点を置くのです。遠くを見ながら真っ直ぐに突き進む姿は、格好が良いものです。ところが、身近な足元ばかりを見て、猫背な姿はいけません。

心が猫背になっている人が多いのです。

視点が近すぎますと、乗り物酔いもします。つまり人生に疲れてしまうこととなるのです。気をつけましょう。

他人からの怒りや悲しい刺激を受けた時は、表面では影響を受けたフリをしても、自分の心の奥には絶対に響かせないことです。

ただ、自分にも反省点がないかだけは、考えることは大切です。これは、自分のためとなるからです。

とにかく自分の心の奥には、母性の内在神だけを意識することが、人生において大切なのです。死後にも影響することです。コノ世の何よりも価値があることです。

今日もがんばって、馬車の中に座す高貴な人物をお運びいたしましょう。

いつか、良い所へと必ず行き着きます。

生かして頂いて　ありがとう御座位ます

［心の安心を守ること　二〇一〇年九月二十二日］

15 自分を安心させることが大切

（前項の感想）

たった一人の人間であっても、その内面には前記の四要素があるのです。私たちは普段、自分一人だと思っていますが、性格の違う四名と共存している状態が、「生きている」ということかも知れません。

この四要素のバランスが崩れた時が、病気と呼ぶ症状なのです。

だから自分の心中では、何を思うのも自分の自由だとしないほうがよいです。自分自身のために良くないのです。自分が後で損をします。

もし、悩みや心配があれば、それを一度認識すれば十分なのです。問題を改善させるために、それを知ること（認識）は重要です。

しかし、悩みを何回もいつまでもリピートして思うことは、とても良くないのです。

1．もうこれ以上、考えるのはやめよう。

2. 心配ならば、明るく対策を考えよう。
3. 嫌な言葉を思うぐらいならば、「生かして頂いて　ありがとう御座位ます」や、自分の心を明るくさせる好きな言葉を思うことにしよう。

などなどと、自分の脳内でありながらも、自分で自分自身を節制する気持ちが非常に大切です。

この自分で律する気持ちを持つだけでも、運命や運気は変わり始めます。

最近、特に感じますことは、亡くなっても魂が生前の「個性」を残す間は、アノ世から私たちを常に見ているということです。

時間のない世界からは、コノ世を見ることが唯一の楽しみでもあります。私たちがテレビを見るように、天上のスクリーンに映る縁ある生きる人々の状態を垣間(かいま)見ています。

アノ世から見られる頻度とその範囲は、その故人の魂の心境と次元により違います。

ただ言えますことは、私たちのほうから、先祖や縁ある故人に向けて感謝の気持ちを送りますと、待ってましたとばかりに確実に届くということです。

アノ世では、現実界からの感謝の気持ちは、黄金の光のシャワーを浴びるように届き、先祖や縁ある故人は癒やされています。

そのお返しとして、先祖は私たちが災害から助かるようにも常に誘導をしようともします。遺伝子という霊線でつながる宿命の本能から助けようとします。

しかし、これを私たちが受け取るには、「素直な気持ち」でいることが条件なのです。

四要素のバランスを崩せば、そのサインを受け取ることは難しくなります。

要は、難しく考えずに、日常生活すべての中で色々な問題があっても、それでも「生かして頂いて　ありがとう御座位ます」の精神で生きれば大丈夫です。この態度が、素直な意識状態を呼び、先祖からのサインを正しく受信することができるようになります。

コノ世で、金運や運命、物質運に干渉することが神様から許されているのは、先祖霊だけです。遺伝子の繁栄という種の保存の本能として、神様が許しているのです。

子どものいない人でも、三本目の霊的遺伝子により、遠い血縁や生前の他の人間との交流の縁で、霊的な連結が起こっています。

私の父は、父が子どもの頃に家に仕えた生涯独身の奉公人の供養を、毎年死ぬまで欠かしませんでした。血縁はありませんが、もう親子のような霊的な連結が霊界では発生しています。その縁ある故人に父からの供養は届き、父は故人からの恩返しを受けていたと感じます。

見えない先祖にも感謝ができる人間は、必ず「その中での」最善へと誘導されます。自分の中の四要素の安定と、先祖への感謝を思いながら生活すれば、何となく（難と無く）大丈夫になります。

生かして頂いて　ありがとう御座位ます

［自分を安心させることが大切　二〇一一年十一月六日］

16 生きている最中を楽しみましょう

今が苦しいと思っている人が多いですが、それは勘違いです。

それは貴重な期間です。

なぜなら、物事は必ず流れて変わって行き、そして終わる時が来るからです。

後から死後に人生を早回しの映像で見た時、苦しかった時が自分にとって一番大切で、貴重で、有り難い時だったのがわかります。そして、その時の自分の魂が輝いていたことも知ります。


私は生まれる前からの記憶と意識の断片を残したまま誕生し、コノ世のゼロ歳からの記憶も維持しています。家族で昔話をすれば、建物の詳細から出来事まで、一番覚えているのは私です。

よく親に成人してから言われたのは、私が三歳まで日本語を覚えないので心配したということです。ずっと意味不明な外国語のような言葉で親に話しかけていたのです。まるでインド風な言葉だった、と。

この時の自分自身のもどかしさを今でも覚えています。懸命に日本語に「同調」しようとするのですが、口からは過去生の言葉しか出ませんでした。そして、生まれつき左利きだったのを小学校に上がる前に右利きに矯正されてから、過去生の言葉は完全に消えてしまいました。

赤子の時の景色を見ていた自分と、今の中年の肉体をまとう自分は、心がまったく同じなのです。成長も退化もしていない、まったく同じ状態です。ただ、今の文明の知識と垢が身についただけであり、生活の景色を眺めている自分の心は不変な一定なのです。

今生の私**が**（自**我**）死んでも心は残り、今のままでしょう。なぜなら過去生もまったく同じ心だったのを覚えているからです。

これは皆さんも、まったく同じなのです。忘れているだけです。誰もが死後に必ず思い出す法則になっています。

心とは、成長も退化もしない一定不変な神性なのです。

だから、今の自分の状態を眺めましょう。

もし今が苦しければ、自分の永遠不滅な心でもって静観をしましょう。
コノ世のどんな刺激も、自分の心を傷つけることは絶対に不可能なのです。
傷ついているのは、自分の自我だから大丈夫なのです。
だから逆に見届けてやればよいのです。
すべてが必ず良い思い出に変わります。

コノ世の時間は短く、必ず終わりが来ます。アノ世は時間が止まった、退屈な変化のない世界です。コノ世の苦しみや楽しみ、悲しみ、ハラハラドキドキこそが時間限定の、神様からの貴重なプレゼントなのです。
どんな生活でも、その中で楽しむ気持ちを持ちたいものです。

生かして頂いて　ありがとう御座位ます

[最中を楽しむ　二〇一〇年九月三十日]

17 みんな時間限定の挑戦者です

（前項の感想）

この記事の一番大切なところは、**「傷ついているのは、自分の自我だから大丈夫なのです。」**、これです。

私たちは、悔しい思いをしたり、悲しい思いをしたります。なぜ、このような感情を抱くのでしょうか？

それは、自分が昇華するために生まれて来た「自我」（自分だけが良ければよい思い）を燻り出しているのです。

私たちの心の中心は、根源神につながる真我（神性・内在神・良心）です。永遠不滅で不変な心なのです。

この真我の周りを自我が包んでいるのが、今の私たちの「嫌な面の個性」です。

皆さんも、毎回今度こそ自我を無くそうという思いで生まれて来ているのです。

なぜならば自我を持ったまま、アノ世に帰りますと、その自我に応じた世界に住むことになるからです。
自我によっては、自由の制限が存在します。

強く怒りやワレ良しの自我を持つ者同士が一箇所に集まりますと、第三者がその世界を見て地獄と呼ぶこともありました。アノ世では、同類が集まる法則が引力のように作用しますので、自分と似た者同士が集合します。

だから安心すればよいです。誰も裁きませんし、裁判官もいません。自分と似た者同士が集まるだけなのです。これこそ完全なる公平なことです。

コノ世だけが、すべての次元の魂が混在する貴重な世界なのです。

どんな人間でも、自我という一皮をむけば真我（完全なる善性）が存在しています。

1. 自我は、コロコロと変化して行きます。だから人間は、自分で努力すれば、良い方向にも変化が可能です。努力が必要なのです。

2. しかし、真我は、永遠に不変な存在です。だから人間は、**深い意味では、あなたのままで良いのです**。何かに変身する必要はないのです。努力が必要だと心配する必要はないのです。

この二つの違いを知っていることは大切です。この二つの切り分けができていない人が多いのです。

私たちは、「今度こそ自我を少なくするぞ！」と生まれて来ています。

だから、今が苦しくて色々な悩みがある人は、本当の自分（真我）が限定時間（人生）の間に、クリアするべき自我を見せてくれているのです。少しでも成長するように、と。

これは自我の減少への挑戦です。

でも、時間限定でも嫌なことは嫌ですよね。

だから、自分の中の内在神からの視点に「なり切って」、今の自分の問題を静観してみましょう。

もっと言えば、自分の嫌な垢（自我）を切断するための問題（試練）だと思い、**楽しみましょう。**

この時、霧が晴れるように、何かが「ばれたか～」と過ぎ去って行きます。

そして、生きている間は、また次の霧がやって来るのです。

最後は肉体もどうせ無くなるのだから、コノ世では絶対大丈夫だという知識を持って、色々な問題を見ていきましょう。

これを楽しめれば、最高の人生となります。

生かして頂いて　ありがとう御座位ます

［みんな時間限定の挑戦者です　二〇一一年十一月九日］

18 誰もが自分の善性に負かされます

いよいよ死を迎えようとする人の多くは、「もっと他人のためにできることをしたかった」と、心から思っていると神霊は伝えます。

そして、清らかな涙をボロボロと心の中で流しているとも。

どんな悪人であろうと、犯罪者であろうと、善人であろうと、素直にそう思えるようになるのです。この時の本人の状態は意識不明などであり、いよいよ肉体が弱り、自我が強制的に薄れ始めているのです。

どんな人間も、自我というカラ（空：まぼろし）を一皮むけば、そこに現れるのは神性なのです。そして、公平な神性の視点から、今回の自分の人生を振り返るバルドォへと入って行きます。

この真理を知っているだけで、会社で理不尽（りふじん）な人間がいても、「気の毒な人だなあ」「損な人だな。自分自身をいじめているなあ」と、あまり腹も立たずに静観することができるものです。ただ、善悪が本人に反射する時間が見えないだけに、静観がしにくいのは確かです。

どんな職場にも、学校にも組織にも、嫌な人間は絶対にいます。どこに逃げても、必ずいます。家庭にもいるかも知れません。これを避けようとして、自分自身が右往左往するのが一番損です。

ただ、自分も心に神性を持つのですから、自分の心を痛めるのだけは避けましょう。そして、どんな環境の中でも、「自分の心だけは守ろう」と決意をしていることが大切です。**嫌なことに遭っても、自分の心までには響かせない、届かせない、と決意することが誰でもできます。**

でも、こんな仕組みを考えたこともない人が多く、他人から傷つけられています。

このような自分の心を自分で守る意識を持たなければ、自分にとって嫌なことがあれば、いつまでも引きずって心の中で反芻（繰り返し執着すること）してしまいます。

最終的には、自分の心を傷つけるのは、嫌な他人ではなく、それを自分の心に「受け取っ

た」**自分自身なのです。**

人間は、性別を超えて母性というものを求める本能を持ちます。母性（神性）とは、与える一方の存在だと自分の魂は本能で知っています。

子どもは昆虫や植物を「育てる」のが好きです。親は子どもにたくさん「食べさせる」ことが嬉しいものです。これらも、人間が持つ母性（神性）の一部の発露なのです。

自分の心に、嫌な感情を受け取らずに、思いやりを配る体験をさせていきましょう。そうすれば、必ず自分の心の内在神が発露して、見える現状が変わりだします。カンナガラ（神様と共に生きる状態のこと）の人となります。

生かして頂いて　ありがとう御座位ます

［誰もが自分の善性に負かされます　二〇一〇年九月十一日］

19 呼ばれて飛び出てジャジャジャジャーン

（前項の感想）

私たちは、「あの人がこんなヒドイことを私に言った」「こんな悪いことを、あの人は陰でしている」などと、他人のことを気にして、自分の心を痛めることがあります。さらには他人からの悪影響のために、自殺をしたいと思ってしまう人が中にはいます。

しかし、この記事は、その他人をイジメている本人が、悪いことをしている当人自身が、「それらの悪事を本人自身に対してしている」ことに最終的になるのが、霊的真理だと言っています。

ただ、これは長～～い視点で見れば、その「顛末（てんまつ）」を自分の目で確認できるのですが、私たちは非常にせっかちなのです。目先の狭い視点で見て考えては、イライラ、くよくよ、メソメソしてしまいます。

中には、コノ世だけの時間では、その反射が起こらずに、死後に持ち越す気の毒な悪人もいます。

死後に持ち越せば、肉体を持たないために感覚が鋭敏になりますので、その反射の痛みは倍化します。利子が付くと言いますか、死後に持ち越すのは、本当は損なのです。

ただ、どんな悪人も、生きる間に改心して善行をすれば、これも大丈夫になります。生きる間が、本当に貴重な相殺（そうさい）のチャンスなのです。

この帳尻のすべてを「公平に」監視しているのは、私たちの心に存在する良心（内在神）です。**誰も、心の良心から逃げることができません。**悪人は、自分の良心にフタ（天の岩戸）をしているだけなのです。

結局、コノ世の次元では、前項の記事のタイトル「誰もが自分の善性に負かされます」が、すべての意味で言えるのです。重要です。善性とは、心の良心、自分の心に内在する内在神のことです。

私たちは社会の中で、多くの人々にもまれながら生きていると思っています。しかし、他人からの刺激を受け取るのは、いつも同じ自分の心なのです。

刺激（他人）の種類が変化しても、**受け取るのは常に同じ自分の心一つだけなのです。**

ここで考えてみましょう。

他人は、本当に存在しているのでしょうか？

受け取る自分がいるからこそ、他人は存在するように見えています。難しいですか？

釈尊は、この内容の真理を、「天上天下唯我独尊（てんじょうてんげゆいがどくそん）」と言いました。この広い宇宙（世界）には、結局は自分一人しかいません、と表現されました。

つまり私たちは、自分・自身（自神）との対話をしているのが真相なのです。

要は、私が言いたかったことは、他人からの刺激（鍛えてくれるオプション）に負けるなということです。

その嫌な他人のために、自分の心（内在神）を痛めるのは本当に損なことです。嫌な刺激には、静観が一番です。

生きる短い間ぐらいは、楽しく生きましょう。

フフフ、ハッハッハッ、と嫌な刺激を笑い飛ばしましょう。

こうしますと、気吹戸主神(いぶきどぬしのかみ)の神気が「誰か呼んだ?」とやって来て吹き飛ばしてくれます。

生かして頂いて　ありがとう御座位ます

[呼ばれて飛び出てジャジャジャジャジャーン　二〇一一年十月二十二日]

20 真理は日常の中にあります

人間は、どんな環境でも自分の好きなことを考える・思い浮かべることができる自由を与えられています。

想像（＝創造）することは、動物にはない神性です。

しかし、この与えられている想像力の自由の重大性を、大半の人は認識していません。想像力の「垂れ流し」を普段にしているのです。

自分が不幸だと思っている人は、想像力という諸刃の剣（両辺に刃のついた剣は、相手を切ろうとして振り上げると、自分をも傷つける恐れのあること。一方では非常に役に立つが、他方では大きな害を与える危険もあることのたとえ）の使用方法に欠点があるのです。

核兵器を生み出したのも、科学者の想像力からです。それほど、人間が持つ想像力は、現実的な力を持って具体化するのです。

生活の中でも、仕事中でも、自他共に傷つける想像をしている人が多いです。これは精神力の漏電につながり、自分の願望を叶える実現力をも「捨てている」ことになっているのです。

要は、この現実界の次元では、

1．精神力の漏電を防ぐこと。

2．正しく想像（創造）すること。

この二点のエッセンスを知っていれば、想像を現実にすることが可能です。

では、そのエッセンスとは何でしょうか？

普通は、ここで魔界が干渉して、引き寄せ術や秘密の開示に、セミナー、ワークショップ、ナントカ伝授……など意味不明な横文字を羅列して売り物にしています。

そんなものは百パーセント、ニセモノです。迷う人間から搾取する詐欺です。悪魔的な心の先生にしかできない行為です。冗談ではなく、本当に悪魔とつながっています。

なぜなら、本当の秘密は、売り物にすることさえもできない「アタリマエ」なことだからです。要は、空気みたいに無料ですでにある物事が、本当のエッセンスなのです。それを売り物にしている時点で、詐欺であり、無知であり、ニセモノ商品であり、魔物根性の先生なのです。

大事なエッセンスは、日常生活の中での感謝想起（「生かして頂いて　ありがとう御座位ます」と思うこと）の繰り返しにあります。一番のムダである精神力の漏電を防ぐためには、心に一点の集中作業をさせたほうがよいのです。

ここでも魔界が、大袈裟（おおげさ）なマントラや呪文などを繰り返すことを推奨しますが、それは逆に自分の内在神にフタをする魔界への誘導です。

大の大人が意味不明な言葉を唱える滑稽（こっけい）さと、マヌケブリに気づきましょう。そんなモノにしがみつく姿は哀れです。

不満な現状の中でも、**「それでも」生かされていることへ感謝をすることが**、コノ世界を提供している正神へと通じるのです。

そして、「生かして頂いて　ありがとう御座位ます」と、生きる原点の立ち位置から想像（創造）する内容は、下からの目線を忘れず、偏（かたよ）った方向を正し、中道の正しい道へと戻してくれます。

この二つを徹底すれば、必ず改善が始まります。
生きてさえいれば、死ぬまで改善は可能なのです。

生かして頂いて　ありがとう御座位ます

[真理は日常の中に在ります　二〇一〇年九月十二日]

21 みんな心の目が開きます

（前項の感想）

今朝も清々しい朝でした。私は日の出の太陽光線を正面に浴びながら、

「アマテラスオホミカミ　アマテラスオホミカミ」「生かして頂いてありがとう御座位ます　生かして頂いてありがとう御座位ます」

……を数分間、瞑目しながら繰り返すのが習慣です。

曇りの日で太陽が見えない時も、太陽がいるであろう方向に向かい、同じことをしています。これで昨日までの禊祓（お清め）がされ、今日一日の生気が湧いてきます。

このような単純なもので十分なのです。シンプルな日常生活の中にこそ、生命力を生み出すカギがあります。

人間は母体から生まれるのであって、行法から生まれるのではありません。人間が造り出した行法などは、一時的なマヤカシ（魔夜貸し：魔物が交換条件付きで一時的に「貸す」

だけのこと）に過ぎません。

それよりも、見える太陽は、霊界にも神界にも存在しています。これこそが本当の神様の姿なのです。太陽に向かって、生かされている感謝の気持ち（気餅）を〝自分なり〟の言葉（ことのは）で送ります。

朝に太陽光線を浴びることは、脳医学的にも体内時計を正常にリセットして、脳からの分泌ホルモンの活動を正常にします。これは不眠の改善などにも参考になります。

私たちは、何か秘密のテクニックに期待しがちですが、正神界にはそんなモノは一切ありません。

人間の欲心と逃げる心が作り出したテクニックに溺れずに、自分の生活の中でシンプル（単純）なことに気づきましょう。そこには必ず神意が存在しています。

人間は、「アタリマエ」なことに、目がフタをされる習性があります。この目のフタを取ることが、これから人類に起ころうとしていることなのです。今の「アタリマエにあること」は、それは本当はアタリマエなことではないのです。

目のフタが取れれば、人類は初めて心の目が開きます。

その時、自分のどんな善悪の経験も、すべて有り難いこと「ばかり」だったことが心底からわかります。

だから、今が苦しい人も大丈夫です。どんなことも一切のムダはないのです。

生かして頂いて　ありがとう御座位ます

［みんな心の目が開きます　二〇一一年十月二十八日］

第五章

伊勢白山道への質問〈Q&A〉

Q1

「丑寅(うしとら)の金神(こんじん)」とはどんな神様なのでしょうか？

国常立太神(くにとこたちおおかみ)の七次元での現れです。

日本列島の姿は、龍神そのものの形をしています。丑寅の金神とは、日本列島の大地の精霊そのものであり、日本列島の姿をした大龍神であるのが、その正体です。この大龍神は、日本の節目や転機が来ますと、個人の人間に懸(か)かって、日本の未来について予告をしたり、時には憤怒(ふんぬ)の警告をおこなうことが、古来、見られます。

平安時代末期～鎌倉時代に作られた『中臣祓訓解(なかとみのはらえくんげ)』によれば、天照太御神は、日本国を治める許可を国津神(くにつかみ)の王に願って受けたとされています。つまり、天照太御神の子孫が日本を治める許可書を、超古代から日本国を所有する国津神から発行してもらい、保償されたとあります。

この「国津神の王」＝丑寅の金神のことです。別名で、国常立太神です。

Q2

昔からある、憎い相手に見立てた藁人形に五寸釘を打ち付む丑の刻参りのような、人形を用いる呪術には実際に効果があるのでしょうか？

A

効果はありますが、自分自身にも呪いは後から跳ね返り刺さります。必ず、です。金銭で術者に呪いの代行を依頼しても同じことです。人間は、自分が出したものは、自分が受け取る法則があるからです。昔からよく言います、「人を呪わば穴二つ」は真実です。自分の死体が入る穴も、相手の墓の穴と同時に掘られているという意味です。

Q3

呪いたいほど憎い相手がいます。もう忘れたいと思っても、忘れることができません。この消えない恨みをどうしたらよいのでしょうか？

A

憎い相手にも、あえて感謝をすることは、相手を正す作用が働くことになり、正統な白魔術的な意味を持ちます。この場合は、自分への反射はありません。

では、相手の何に感謝をすればよいのでしょうか？　これは、自分なりでよいです。それでも、今も自分が生きていることに感謝をするのか。良い修行をさせてくれたものだと感謝をするのか。それとも、自分の悪い厄を昇華させてくれてありがとう、でもよいです。

相手を呪う間は、その呪いは自分自身に溜まり、効きません。相手を心中で許した時や、自分が忘れた頃に、過去に出した呪いは相手に効き始めます。ただし、自分も、出した呪いの反射には注意しなければいけません。

相手を呪うよりも、自分が感謝の思いを持つほうが、復讐の意味でも、自分にとっても、お得だということなのです。

Q4

精神の「高い低い」というのはあるのでしょうか？「高尚か低俗か」ということなのでしょうか？

A

「自我が厚い薄い」の違いです。誰もの心の深奥には、崇高な内在神が存在しています。

さらに内在神は、共通な一つなる存在につながっています。

つまり、「精神の高い低い」とは、個人の表面意識の違いの問題であり、志(こころざし)が違うというレベルのことです。心の深奥は、誰もが崇高です。

Q5 故人といつも一緒にいたくて、家族の葬儀で遺骨の一部を持って帰りました。自宅の仏壇に置いて供養していきたいのですが、いかがでしょうか?

A

それは故人の執着を起こします。良いことはないです。遺骨は、墓に納めたほうがよいです。

遺骨を自宅に置かないほうがよいというのは、昔から墓は家から離れた場所に設けた理由でもあります。故人が成仏し難いことを、昔の人はわかったからです。

その証拠に、大地主などが遺言で自宅の庭に墓を設けることがあります。家への執着からです。でも、そういうことをした家は、その孫の代では衰退するのがパターンです。成仏したくても執着が継続する故人が、家系の運気を削ぐ結果となってしまうのです。生きる子孫にも良いことはないのです。

Q6

内在神と守護霊との違いがよくわからないので教えてください。守護霊は自分を見守ってくれている存在だと思いますが、人生を通して同じ守護霊が付いていてくださるのでしょうか？　自分の守護霊がどなたなのかも気になります。

A

内在神と守護霊は違います。

内在神＝産土神＝命の元の神様です。内在神は、一つなる創造神にもつながる神様です。私たちが生きている間、誰もの右胸中央から三センチに存在し、死ぬまでいつも一緒です。人が死ぬとは、内在神が右胸から離れる意味でもあります。

守護霊とは、その大半の正体は先祖霊のことです。親が自分の子どもが気になるように、先祖も生きる子孫を気にかけて見てくれています。同じ家系の霊線を共有する仲間でもあるからです。

でも、守護霊（先祖）も転生の旅をする魂なので、子孫の年齢と共に切り替わっていきます。安心している先祖霊の中から交替していくので、自分の守護霊を特定することに意味はありません。だから、先祖全体への感謝と供養が大事だと、何度もブログと本に書いています。

また、守護霊に守護を期待する人は、運気が落ちます。自分の親に命令したり、親を無理に働かせることは、親に反感を持たれるのと同じです。そうではなくて、自分が先祖霊に感謝をして癒やしてあげたい、自分が先祖を守りたいと思う人が、先祖霊から良く守護されるのです。

Q7 眷属神とは誰にでもいるのでしょうか？　それとも特別な人にだけいるのですか？

A

普通の方には不要な存在であり、怖い存在でもあります。あなたの思うイメージとは真逆なのが真相です。コノ世的な幸福や、便利などとは無縁だからです。使命に生きることに、その人の命を懸けさせることになります。

眷属神は、神界から派遣される存在であり、サポートをする人間がコノ世で使命から反れた生活を優先したり、神界の意に沿わない生活を始めますと、その人の命を取り上げることも簡単にします。過去の例を見ましても、眷属神のサポートを受けた宗教家や事業家は、短命になることが多いです。

Q8 伊勢白山道さんは、稲荷様に守護されているとインターネット上に書かれていますが、本当ですか？

A

まったく違います。私がインターネットに登場した時から、妨害したい有料先生がよくそう言っていました。それを言う有料先生には、金欲と色情の悪霊稲荷が共通して憑いているというのが真相です。自分自身に憑く存在を、感得しているということです。

私自身の守護神は、百十三柱（配下眷属十三万体）います。その中には、家来に宇迦之御魂神（正神稲荷）を使う神様もいます。でも私自身は、直には稲荷を使ったことがありません。

稲荷も、二種類あることに注意です。正神の稲荷神は、宇迦之御魂神です。神宮の外宮の神様は、その眷属の中に宇迦之御魂神もいます。

もう一つは、外国から渡来してきた恐ろしい稲荷です。空海さんが呪詛に使役した××でもあります。これは魔界の存在です。空海さんの死後は、その管理を逃れて脱走稲荷になって、今の時代でも暗躍しています。色情・金欲・博打・風俗などに溺れる人に取り憑き、人々からエネルギーを吸い上げています。

Q 9

私はよく街で、「心配事がおありではないですか？ 占いましょう」「福々しい顔相をしていらっしゃいますね。無料で手相を見させて頂けませんか？」「普通の人とは違う、高い境涯の御方とお見受けしますが、何か修行をされているのですか。お話を聞かせてください」などとよく声をかけられます。

どこかの宗教の勧誘だとは思いますが続くので、何か自分からそういう人を引き付ける特別な気配でも出ているのか、と心配になってきました。騙しやすそうな人とでも思われるのでしょうか。

A

あなたに問題はないのです。それは営業ですから、話に乗ってはダメです。ただの勧誘目的の営業トークです。相手は話術に長けた勧誘のプロですから、立ち止まって話すだけで危ないです。

褒め言葉で足止めして、その先は高額なセミナーや、集金宗教に誘導するのがパターンで多いです。最初は褒めて、次に深刻な病気などの懸念、家族の問題などを営業トークで告げて、不安にさせて誘導します。褒めてから、心配させる。こういう罠にかからないようにしましょう。

Q 10

以前、どなたかの質問で「ガンを避けるよりも、抱き参らせる」と答えていらっしゃいますが、「抱き参らせる」というイメージが私にはどうしてもわきません。ガン細胞も生きていると思うと、ついお線香を焚きたい気持ちになります。細胞のための感謝の供養をするというのは、いけませんか？　もしお線香で供養するならば三本目のお線香で良いですか？

A

「ガンを抱き参らせる」という意味は、ガン細胞を避けて毛嫌いしても良くないのです。ガン細胞も自分の大事な細胞の一部だと受け入れて、ガン細胞にも感謝の気持ちを送るほうが、細胞の回復・修正には有効なのです。ガン細胞に「生かして頂いてありがとう御座位ます」と感謝想起しましょう。

線香供養については、自分のガン細胞に対しては、してもよいです。三本目の線香で感謝です。しかし、生きる他人のガン細胞に対しては、ダメです。縁起が悪いです。線香はあくまでも、死霊へ捧げるためのものだからです。

これは、自分供養と同じ原理になります。でも今は、自分供養を、自分自身にする分には問題はないですが、推奨はしていません。

今は自分供養の代わりに、床供養を参考にします。理由は、ガンは生活習慣病であり、住む環境の影響があるからです。過去に不動産会社の知人から聞いた事例では、ある家に住む一家がガンになることが続き、とうとう家を売却しました。ところが、次に購入して入居された人も、その家族も、同じくガンになって家を売りに出したそうです。やはり、住まいと土地の影響を感じました。これには床供養で、場所の浄化が必要です。

だから、あなたの場合も、自分のガン細胞を供養するよりも、住まいの浄化を優先することを参考にしてください。ただし、伊勢白山道式の先祖供養歴が一年以上の継続が、床供養の必須条件です。

Q 11

成仏していない霊が生きている人に憑依して自殺に追い込んだ場合は、その霊の悪行に加算されますか？ それとも憑依されての自殺でも、自殺した人の罪ですか？

A

その憑依した霊の悪行として加算され、その罪に応じた相殺（そうさい）が実行される世界へと幽閉されます。ただ、その霊に同調できた本人にも責任が一部にはあります。

何の理由もなく、縁もなく、悪霊に憑依されることはありません。自殺に至るまでの時間をかけた、誘導があってこその自殺です。引き込まれて自殺した人にも、何らかの昇華するべき悪い因果があってこそ起こります。

でも、そういう因果が自分にあった場合でも、寄り代（「○○家先祖代々の霊位」と記された短冊（たんざく）か位牌（いはい））を用いた先祖供養をしていれば、無難に避けられたことでしょう。先祖供養の寄り代は、時には供養者の身代わりとなって、悪意ある霊も昇華してくれるヨリシロとなるからです。

Q12

恋愛成就の護符だとか秘法だとか、月に×××を振って金運を呼ぶとか、願望を引き寄せるだとか、世の中には様々な願望達成術の「おまじない」があります。中高生の頃は、おまじないが載った雑誌を見ては友人たちとキャーキャー言いながら、軽い気持ちで試してみたものです。それで願いが叶った（？）こともありました。今から思えば、なんと危険なことだったのでしょう。このような願望達成術とは、どのような背後によるものなのでしょうか？

A

海外の魔界の背後が多いです。要するに、悪霊は人々の欲心をそそり高めることが大好きなのです。そのほうが、破滅に導くのは簡単だからです。

どうして人を破滅させたいのか？

その理由は、欲望への喜怒哀楽が放つイヤラシイ、ねっとりとしたエネルギーが大好きであり食べるためです。そのエネルギーが人から最大に出る時は、欲望に駆られた末に破滅した時です。つまり、途中経過の欲望への歓喜のエネルギーを食べ、さらに破滅した時に人から出る「もうだめ。死にたい。死のう」という最期の生命力を食べます。

願望達成術をする人ほど、生命力が吸われていくので、老けるのも早いです。また、その老け方が、品のない顔相になっていきますから、私は願望達成の祈願を長くしている人は、ひと目見ただけでわかります。その寿命も、最初の運命よりも縮んでいる人もいます。

願望達成祈願には、交換条件が必ずある、後から請求書が来る、ということを覚えておいて頂ければ幸いです。

Q13

伊勢白山道さんは有料先生について書く時にいつも「面会」や「対面」と付けていらっしゃいますが、それはなぜでしょうか？　面会しない有料先生ならいい、というわけではないですよね？

A

面会する有料先生には特に深刻な問題が多いからです。悪徳な有料先生との面会で、ワイセツ被害に遭った、多額の金銭を失ったという報告が数多くの女性から来ています。

伝授やワーク、お祓い、ヒーリングをすると称して、中には全裸の強要もありました。そして性交、写真やビデオ撮影……、脅迫。有料先生に金銭を巻き上げられて、家庭崩壊に至る事例も多いです。

面会すれば霊的な垢憑けも簡単にできます。セミナーや講演会など集団で面会しても、悪徳な有料先生の背後の分霊を憑けることは可能です。

あなたの想像を超える色々な問題が、読者から寄せられて来ました。

とにかく本物の霊力があれば、面会は不要です。面会と金銭が絡む精神世界は、本当に愚かな要注意の世界です。

Q 14

心配事があり眠れない夜に、かつて相談したことのある女性霊能者の顔が浮かびました。最後に行ってからもう何年も経ち、私は縁を切ったつもりでいます。それなのに、なぜか彼女に会えば心配事が解決するかも知れないと思ってしまいました。

翌朝には冷静になり、実際に連絡はしていませんが、悩んだ時に思い浮かぶということは、まだ縁が切れていないのでしょうか?

A

有料先生からリピーター客にするための霊的な垢を憑(つ)けられているからです。そのために定期的に、あなたに問題や悩み事が起きるように、背後霊が動きます。そういう相手と縁を持った人は、以前よりも運気が低下して不幸になります。金を持って、相談に来るように仕向ける動きを、背後存在がおこないます。

先生も、これに気づいていません。リピーター客が欲しい、もっと売り上げが欲しい、と思っている程度です。そして最後には背後存在は先生をも死後の世界に連れて行き、今まで食わせた分の奴隷として使役(しえき)します。

引っ張られて相談に行き、また先生のエサになるか、離れるか、あなた次第です。毅然と断絶して、生活努力と、先祖への感謝を普段の中でしていけば大丈夫です。先祖への感謝磁気を貯めることが、物事を改善させる力となります。

Q 15

人と有料先生やヒーリングの話になることがあります。あまり熱心にそれは良くない、危険だと言うと、だいたい気まずくなって話が終わります。どう言えば、わかってもらえるのでしょうか?

A

それも引き合った個人の縁ですから、危険性を言う必要はないです。頭を打たないと、わからない人はいます。黙って静観することを参考に。

霊的ヒーリング（他人からの霊的磁気の注入）を受ける人は、自分自身のオリジナル磁気が薄まり、老けだすのも早いです。顔のシワも年単位で見れば、増えて深くなります。こういう話は、知るべき縁を持つ人が理解すれば良いことです。

Q 16

「願望」と「目標」の違いは何でしょうか?

A

そのまま、思うだけで努力せずならば願望。自分で努力するならば目標です。目標は、自分で歩き出すことにつながりますから大切です。歩く方向があるのは良いことです。

ただし、その方向が正しいのかは、自分の心の良心に沿うことと、親にも話せる内容であることが大切です。

Q17

例えば、スポーツ選手が優勝して表彰台に上がる自分をイメージすることも、実現した後に交換条件で不運が来るのでしょうか?

A

それは自分の努力で得る結果だから問題はないです。交換条件とは、神仏や他人先生などへの「他」への祈願により発生します。

優勝に向けて努力をすれば、そのイメージは努力をする本人に自然と降りてくるものです。自分の努力で得るイメージからは、交換条件は発生しません。そのために費やした努力の実践の苦労分が、すでに交換条件の身代わりとして消費されるからです。

Q 18

人は何歳まで、性愛（エロス）に縛られますか？

生きる限りでしょう。それを静観し、我慢するのも、人間の生きる修行でもあります。自分の良心との勝負です。魔物は、人間の性欲を悪用します。でもその一方で、性欲とは、生命力の発露であり、心を成長させる摩擦力としても不可欠なエネルギーなのです。過去の聖者たちを見ましても、性欲エネルギーをコントロールすることが、覚醒へと導く源泉になっていることがあります。心を葛藤させるのが性欲ならば、心を成長させるエネルギーにも成り得るのが性欲なのです。

心は静かに安定しているが、心に艶（つや）のある人。こういう人は、魅力的に見えるものです。

Q 19

私は親の不倫で生まれてきた子どもです。私は生まれながらに罪の子ということになるのでしょうか？

A

いいえ、問題はないです。生まれは、宿命として自分で選んで来ます。その前提を自分で了解して、選んで生まれて来ます。では、どうして、厳しい環境と条件を自分で選んだのか？　ということです。

それは、その厳しい条件の中でも、自分の力でがんばって幸福になった場合の、善徳貯金が大きいのです。そして、自分自身を試したかった、大いなる挑戦者の意志のある人が、自ら厳しい条件で生まれ出ることを選択します。

あなたも、死後に思い出しますが、明日をも知れない中に自分を置いて、厳しい環境の中でも「どこまで、できるか？」を試している最中なのです。

Q20

「ピタゴラスの定理」で有名なピタゴラス（紀元前五六九年頃〜紀元前四七〇年頃。古代ギリシャの数学者・哲学者・宗教家）はどういう人物だったのでしょうか？
「万物の根源は数である」とし、魂の不滅・輪廻・死後の応報を説きました。魂の浄化、救済を目指した彼の教団では、厳格な禁欲生活を送りながら音楽・数学・天文学・医学などを研究し、後世に残る業績も少なくありません。ピタゴラスの人物像は謎に包まれていますが、魔術師的でもあったといいます。最後は暴徒の襲撃により教団は壊滅し、本人も殺害されたと伝えられています。
ピタゴラスも何らかの使命を持って、生まれて来た人だったのでしょうか。

A

この人も、他の星からの派遣者の一人。ただし、今の天文学で名付けられた星ではないです。銀河系から離れた星からの転生者です。天才です。

ただ、極端で、過激過ぎた面がありました。ゾロアスター教の影響も受けており、善か悪か、白か黒か、という思考が強かったです。彼は生きている間に、多くの人々の死に関わっており、その後の転生はないです。今は特殊な世界に幽閉されているとも言えます。まさに秘教教団の教祖が辿る（たど）パターンだったと言えます。

でも、その語り継がれて残る理論は、完璧だったと思います。森羅万象すべてに真理の数霊（かずたま、すうれい）を見神しています。数字に神様の意志を観た、と言えます。

ロシアの神秘家グルジェフが、音階に「オクターブの法則」を発見し、ピアノの鍵盤をランダムに叩くだけで、それを聞いている他人をロボットのように強制的に自在に動かして見せた魔術も、そのネタ元はピタゴラスの秘教教団からの伝承に感じます。また、老子や釈尊の影響もピタゴラスから感じます。ピタゴラスが若い時に二十年間も放浪した先には、遠いインドや古代中国もあったのでしょう。

Q 21

聖域や御神体の山に立ち入ることを戒（いまし）める記事（第一章7「知らなかったでは済みません」）を読んで、大神神社（おおみわじんじゃ）の御神体「三輪山（みわやま）」に登拝した時のことを思い出しました。

登山道で何度か大きな蛇が這うような音が聞こえましたが、実際に見かけたのは小さい黒蛇でした。登るうちにだんだん怖くなり、体調も悪くなってきて、頂上までは行かずに引き返しました。帰宅してから私も同行した家族も発熱し、安易な気持ちで入山したことを後悔しました。不敬のお詫びをするには、どうしたらよいでしょうか？

なぜ、御神体山に登るのか？　これをよく考えましょう。

御神体山が、「人間にとって良い」ことはないのです。日々の潔斎（神前に入るために心身を清める礼儀行為）があれば良いです。それがなくて、穢れた状態で御神体山に入れば、神域の波動は心身に悪影響となります。合わないことは、ダメなのです。

神域に入れば、運が良くなるとか、金運が付くとか、健康になるとかはないです。むしろ、その逆になるのが霊的な真実です。また、眷属神がいる神山ならば、無礼だと怒っているのが実際です。呪いがかかることもあります。

御神体山に入る自分に、欲心が無かったか？　これを考えましょう。

あなたが見たのは、小さな黒蛇でも、その霊体は巨大な眷属神の大蛇の姿です。この山の眷属神は黒蛇が多く、登山道自体が黒蛇で埋まる海の状態だと思ったほうがよいです。または、大蛇の背中を土足で踏みながら歩いたということです。

登拝を思い出せば、心中で謝りましょう。たまには大神神社の拝殿に参拝し、御神体山から離れた場所で、入山した謝罪を思っていけば大丈夫です。

Q22 三輪山を登拝した後に、これでもかと言うほど不運に見舞われ続けました。因果関係があるのでしょうか?

A

自分に穢れがあれば、そういう浄化作用が起こるのも神域にはあることです。穢れた悪徳な有料先生が、神域に入った後に大病することもよくあります。または、悪徳な先生が御神体山を登山しても平気だった、ということもあります。この場合は、数年後に悪徳先生が亡くなる、というパターンもありました。

つまりまだ、自分に悪いことがあれば、浄化作用だと思って安心しましょう。お祓いだ、と思うことも参考にしてください。

本当の御神体山とは、決して登るものではなくて、遠方から拝するのがちょうど良いのです。特に三輪山の場合は、超古代からの本当に巨大な大龍神が、トグロを巻いたまま固まった御姿がそのままの御山です。非常に神聖な御神体山ですから、遠方から拝むべき山です。

Q
23

出雲大神宮（いずもだいじんぐう）の御神体山はすべてが御神体でしょうか？ 自由に行ける上の社（やしろ）に参拝する時には少し登らないといけないですが、参拝後に気分が落ち込んだような気がしました。

A

ここは山全体が禁足地です。神社が許してもダメです。入山する人に霊格がなければ、危険です。山の下から参拝するのが良い聖地です。

出雲大神宮は、超古代の前文明の世紀からの聖地です。元出雲の神社、つまり出雲大社よりも古い神社だと感じます。

出口王仁三郎氏の大本教が、この神社近くの亀岡に本部を構えたのも、出雲大神宮の存在があることが、その理由の一つにも推察します。

Q
24

沖縄には古来、祭祀がおこなわれた「御嶽（うたき）」という場所が各地にあります。かつては神事をおこなう地元の関係者しか立ち入りができませんでしたが、今では一部の有名な御嶽が一般に開放され、多くの観光客が訪れています。聖地を観光地化していいのか？ 沖縄に生まれ育った私は疑問に思っています。

多くの霊が集まる聖地であり、一般人が軽々に入れば、運気を落とす場所です。軽い考えでは危険な聖地です。普通の人は、悪い影響を受けます。聖地＝身体に良い、運気に良い、では決してありません。地元の人が、「決して行かない場所」「避けたい場所」であるのが御嶽だと思います。

御嶽を観光地にするのは、地元住民にも観光客にも、決して良いことではありません。

Q 25

伊勢白山道さんはよく鏡を「カガミ」とお書きですが、どういう意味があるのでしょうか？

A

カガミ、神・我・見、です。「自分の中に神を見なさい」と訳します。鏡は、心の鏡（カガミ）でもあります。

神話的には天照太御神が孫に手渡した鏡が、有名な八咫鏡（ヤタノカガミ）です。つまり、「八咫鏡＝天照太御神の心」でもあります。でも、鏡を見て映るのは、自分自身の顔です。「私たちも、他人よりも、自分のことを正しく見なさい」と神話は教えています。

そしてさらに、「自分の中に太陽（天照太御神）を見なさい、見つけてください」とも響いてきます。これは「八咫鏡」の真相だと感じます。

Q 26

最近は、夫婦同姓の現行の婚姻制度に疑問を持ち、婚姻届を出さずに事実婚を選択する人が増えています。霊的な観点から見て、事実婚をどう思われますか？婚姻届を出して同じ戸籍に入り、同じ名字にならないと夫婦になれないものでしょうか？

A

それでは名字が違う者同士なので、別々の霊籍（家系の霊線）のままです。子どもがいないならば、お互いに自由も良いかも知れません。

でも、子どもができた場合、さらにそれが男子の場合、男性側のY遺伝子を子どもが引き継ぐことになります。親は婚姻届を出して同じ名字になり（＝名乗る名字の家系の霊籍に入る）、できれば先祖供養もすることが、子どもの将来と運勢のためになると霊的には言えます。

またその逆に、婚姻届を出さずに、名字は同じものを名乗り共同生活をするならば、自然とその名字の家系の霊籍に入ります。コノ世の法律では他人同士ですが、霊的には夫婦になれます。

つまり、婚姻届よりも、夫婦別姓が一番の問題だということです。だから、夫側の名字になっても、妻側の名字になっても、どちらでも霊的な問題はないです。一つの同じ名字だからです。

このような名字中心の理論は変だと思うでしょうが、名字以前は屋号の呼称で家を認識したのですが、名乗る名前の下(もと)で、人は生きて死んで行きます。そして時が経てば、家の名前での故人の集団、霊線ができていきます。

霊的には、戒名は意味がないですが、生きていた時の名字は、重要なキーワードとなります。その証拠に、女性が結婚して名字が変わりますと、顔相から嗜好(しこう)に至るまで変化していくものです。男性が養子に入っても、同じことが言えます。その家系に染まる現象になります。

また、夫婦別姓の国では、日本よりもかなり離婚率が高いです。これは霊的には、別々の人生を歩む傾向になると、家系の霊線の影響から言えることなのです。

Q 27

過去生を知ることは、今生を生きるには不要、すでに清算が済んだ過去生のカルマの再起動につながることもあるから良くないと、ブログや本を読んで理解しました。

しかし、伊勢白山道さんは現在生きている有名人の過去生について書いたり、質問した読者に過去生を答えることがあり、これはいいのかと疑問に思います。

過去生を書く・書かないを、どう判断されているのでしょうか？

A

相手の心の段階を観て、書いています。自分の過去生のヒントを聞いても、悪い面がリピート再生しない場合に関しては、過去生に関することを言います。

問題は、自分自身の過去生を知りたがる人に多い傾向が、

・今の自分の人生が不満タラタラで、その原因を自分の過去生の責任にしたい人。

・今生の自分の努力具合を考えないで、何でも神経質に過去生に結び付けて考えたがる人。

こういう人が多いのです。

この段階の心境の人に、本当の過去生のことを言いましても、「受け入れることができない」「過去生の因果が一挙に再生する」という可能性があります。

こういう人は、過去生など聞かないほうが自分のためによいです。

過去生の因果は、今生の一生をかけて昇華（消化）するように、生まれる前に産土神（うぶすながみ）が設定をおこなっています。無難に昇華（消化）と進化ができるように、です。この設定に干渉することは、心身に良くないのです。

Q 28

霊的な攻撃を防ぐために結界を張るには、どうしたらよいのでしょうか？

A

自分自身が感謝の磁気に包まれればよいのです。結界です。

攻撃心と感謝の思いは、水と油で、弾（はじ）き合います。テレビが映るのも、波長が合う電波だけです。波長が引き合わない電波は映りません。

従って、気になる嫌な他人がいれば、攻撃心を持つよりも、感謝想起を相手に思ったほうが防御になります。

また、寄り代（「○○家先祖代々の霊位」と記した短冊か位牌）を用いた先祖供養をおこなっていれば、寄り代と線香の煙が、他人からの悪い思いの磁気を切断する防御にもなります。

Q 29

私は時折、見えない世界の物語を書きたくなるのですが、そういう世界には安易に手を出さないほうがよいと思い、書かないようにしてきました。もしも異界、見えない世界の物語を書くのなら、どういうことに気をつければよいでしょうか？

A

見えない世界を書く時、それに関係する霊的存在が来るものです。これが平気、退(しりぞ)ける力量が自分自身にないと、心身を潰(つぶ)すから要注意です。病みます。有名な作家には、妖怪並みの人が多いです。魔には魔を。見えない世界の存在に勝てるモノが自分にないと、継続が難しいです。

だから、生活努力と、先祖への感謝を普段の中ですることが大事。これ次第です。先祖への感謝磁気を貯めることが、守護につながります。

Q 30

アノ世での自由度の違いというのがよくわからないのですが、良い世界へ行ければ、例えば、移動できる範囲が広い、会いたい魂と会うことができるということでしょうか？

A

そうです。地面を歩く者と、空を飛ぶ者にもアノ世で分かれます。私がアノ世でいた世界から下位の世界に行きますと、下の次元では私の姿が光にしか見えていませんでした。

もし死後に普通の霊界に行ければ、コノ世の数倍の自由度があると思えばよいです。思うことがすぐに実現する世界です。会いたかった知人にも会えます。

霊界よりも下の次元に行くほど、魂の自由度がなくなっていきます。地獄とは、同じ場所に縛られた魂ばかりの世界だと思ってください。

Q31

重い病（やまい）で手術を受けました。麻酔から覚めて周囲を見回した時に、光の玉のような形でご先祖様が私を取り囲んで微笑んでくれているのが、何となくわかったような気がしました。

残念なことに術後の検査結果は厳しいものでしたが、ご先祖様からは「お迎えにはまだ早い。がんばれ」と励まして頂けたような気がしています。

A

これは言えます。

医学的には、麻酔の影響の錯覚だと言われるのでしょうが、その人に善徳があれば、先祖が見守りに来てくれるものです。

生きる限り、奇跡もあること。先祖に感謝しながら治療をがんばりましょう。

人は、独りで生きていましても、霊的には多くの先祖たちと一緒に生きています。

Q 32

第一章13「信仰の場所でのパフォーマンスは危険です」（五十六ページ）に出てくる龍笛は、雅楽の演奏に欠かせない楽器です。

龍笛を吹くと見えない存在を呼ぶというのはなぜでしょうか？

雅楽の演奏会や御神楽などで龍笛の生演奏を聴いたり、録音された龍笛の演奏を自宅で聴くのも良くないのでしょうか？　一般人が趣味として習うこともやめておいたほうがよいでしょうか？

A

龍笛はピーーーッという高音が出ます。本物の龍神も似た鳴き声です。こういう高音は、様々な霊的存在や、霊を呼びます。龍神が寄ることは、今はまず無いです。

問題は、高音で霊を集めて、そのままで終わる危険性です。神官が、神域で龍笛を演奏するのは、問題はないです。

龍笛の録音を自宅で聴いたり、吹く練習をする場合は、夕方までの日中にすべきであり、夜は厳禁です。

少なくとも、一般人が軽々に、何となく始める趣味ではないのは確かです。

Q 33

仕事上、私は龍笛、神楽笛（かぐらぶえ）、場合によっては高麗笛（こまぶえ）を演奏します。これらの楽器は扱いも難しく、練習は不可欠です。

神前や神社で演奏する時、練習する時は、どのように注意をすればよいでしょうか？　夜間は仕事以外では吹かないようにして、自宅での練習も控えています。

なお線香供養は毎日しています。

A

問題はないです。練習の最後に「お帰りください」と感謝する習慣を、練習の最後に必ず数分間持てばよいです。

やはり、自宅での夜の練習は控えましょう。近所に響き渡る可能性と、土地の霊を集める可能性があります。

霊を呼んでおいて、そのまま放置すること。これは、「コックリさん」をおこなった人が、精神的に問題が起きやすくなる理屈と、同じことなのです。

Q 34

石笛（いわぶえ）の起源は縄文時代と言われ、古代から日本人は石笛を祭祀に用いてきました。私は石笛の自然と調和するような音色が好きです。神様に喜んで頂こうと自宅の神棚の前で吹いていています。神社や山の磐座（いわくら）の前で吹くこともあります。

現代では、霊的に危険な行為なのでしょうか。

A

不要な行為です。運気を下げて、憑依を呼ぶ可能性があります。音色を聞いている人にも影響します。

石笛は龍笛よりさらに高音が出るので危険です。演奏者や、それを聞いている人が、脱（だっ）

魂して気絶する場合もあります。

少なくとも石笛を吹いている時は、演奏者自身も半浮霊状態になっているものです。その場が浄化していませんと、様々な穢れた霊的存在に憑依されないように要注意です。

石笛は、鎮魂帰神法での必須道具です。出口王仁三郎氏にしても、石笛を吹く時は、様々な段取りを踏まれたと思います。また、軽々に石笛を多用することもなかったと思います。

神官が、神域で石笛を吹くのはよいです。

自分が何を見て、真似て、石笛を吹き出したのか？　これを思い出して自己責任で自己判断しましょう。

Q 35

約二万年前まで存在したという白山文明とはどんな文明であったのでしょうか？ 死後に私たちは、今は解明されていない古代文明の実態を知ることができますか？

A

巨大な岩石でできた、天(あま)の鳥船(とりふね)を浮かせた文明です。例えば、岐阜県の位山(くらいやま)、兵庫県の甲山(かぶとやま)、金鳥山(きんちょうざん)、鉢伏山(はちぶせやま)、肝川(きもかわ)、滋賀県の三上山(みかみやま)、比良山(ひらさん)、長野県などには天の鳥船の基地がありました。三角形のピラミッド形の山や、頂上が平らな台形の山が、天の鳥船の発着基地であり、大地からエネルギーを吸い上げてチャージする場所でした。

石笛、言霊が自在に物を動かし、物を浮かせる反重力を利用した時代です。エジプトのピラミッドは、白山文明の末期の知恵を利用してできたものです。

今から約二万年前には、白山文明は終焉を迎えています。それまでの十万年間は、日本の白山地帯を中心として、火星飛来のスメラミコトを中心として、日本と世界の交流ができた輝く時代でした。その後に、すべての超先進技術は封印されて、古代祭祀だけが縄文人に引き継がれています。これが天津神が来るまで継続して、今に至ります。

もし死後に、魂が霊界以上に行ければ、このような古代の真相は走馬灯のように見られることでしょう。

伊勢白山道式　先祖供養の方法

1　最初に線香三本に火を点け、上下に軽く振って炎を消します。線香を手に持ったまま、うち一本を片方の手に持ち替えて、苗字は言わずに父方・母方も含めた男性の先祖霊全体を意識して「ご先祖のみなみな様方、どうぞお召し上がりください」と声に出してから線香器の左奥に立てます。立てたら「生かして頂いて　ありがとう御座位ます」と発声します。

2　二本目を片方の手に持ち替えて、父方・母方を含めた女性の先祖霊全体を意識して「ご先祖のみなみな様方、どうぞお召し上がりください」と声に出してから線香器の右奥に立て「生かして頂いて　ありがとう御座位ます」と繰り返します。

3　三本目の線香を片方の手に持ち替えて「その他もろもろの縁ある霊の方々、どうぞお召し上がりください」と声に出し「自分に縁あるすべての霊的存在」（家系の水子、実家や親類の霊、知人の霊、生霊、動物の霊、土地の霊、その他の自分で認識していない霊的存在など）へ届くように思いながら、手前中央に立てます。

4　手を合わせて「生かして頂いて　ありがとう御座位ます」と繰り返します。

5　続けて、すべての霊が根源なる母性に還るイメージで「アマテラスオホミカミ」を二回ずつ、自分が安心するまで繰り返します。これに違和感のある方は唱えなくてもよいです。大事なのは「生かして頂いて　ありがとう御座位ます」の言霊です。

※火の点け方は最初に２本、あとから１本でもよいです。
※煙が自分のほうに流れてきても問題はありませんが、気になる場合は、供養を始める時に１度だけ「寄り代にお寄りください」と念じてください。

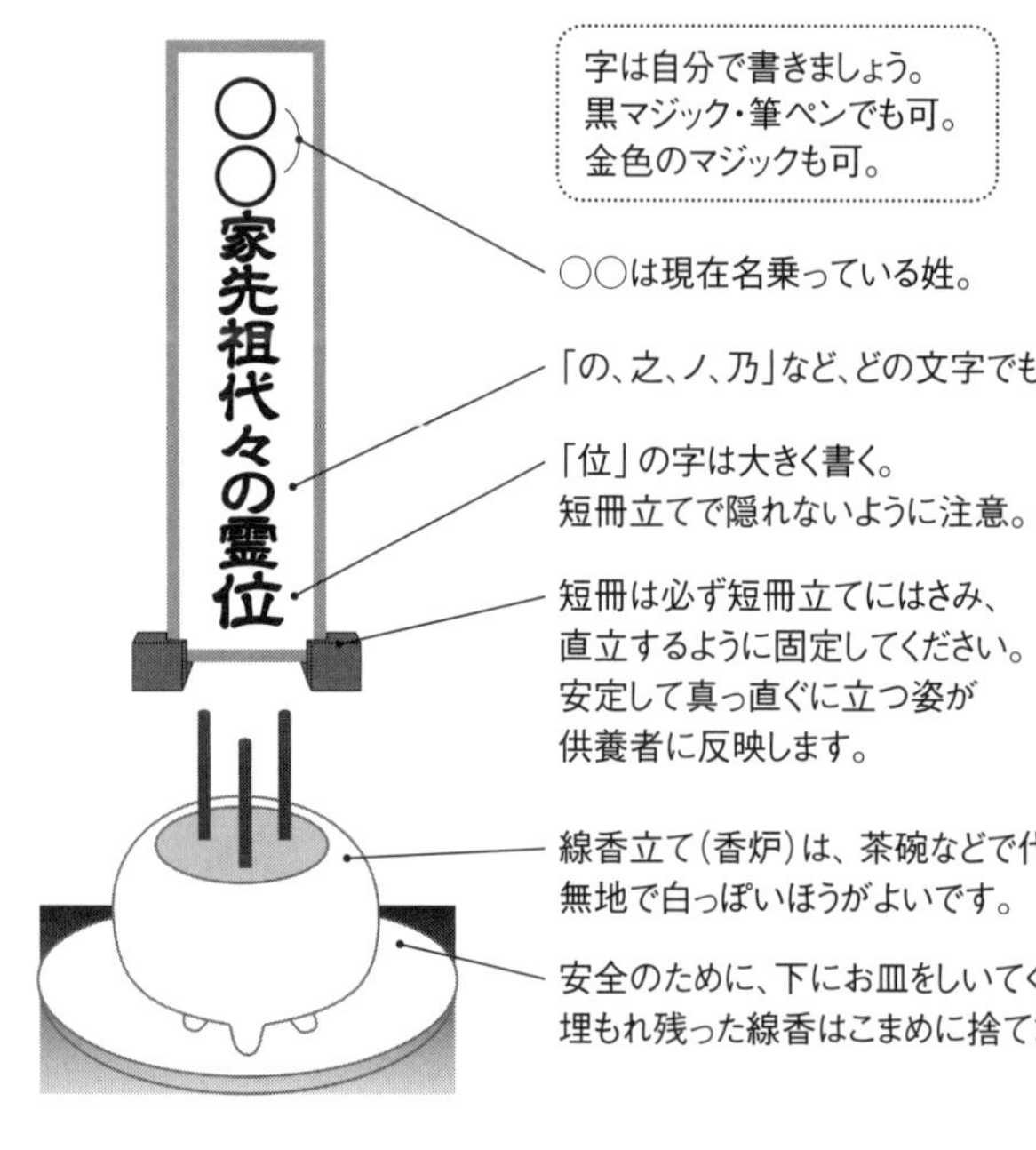

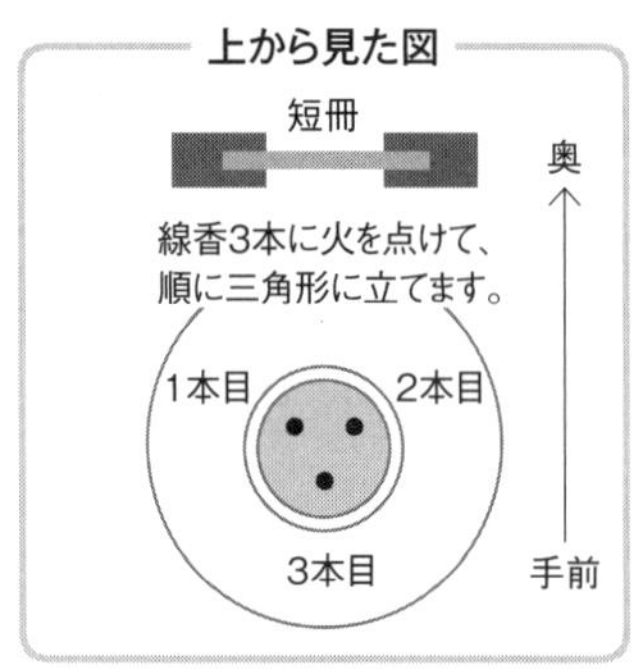

- 先祖供養には、先祖霊が寄るための寄り代（位牌や短冊）が必要です。
  寄り代なしの供養は厳禁です。
- 自宅に「○○家（自分の現在の苗字）先祖代々の霊位」と記された位牌があれば、それを使用してください。
  ない場合は、短冊を用意して図のように自作してください。
- 先祖供養は自己判断と自己責任でおこなうことです。

◆火災に注意！ 供養のあとは線香の消火確認を忘れずに!!

ブログ　伊勢-白山道　http://blog.goo.ne.jp/isehakusandou/より引用

供養の道具

❖短冊は、文房具店で販売されている長さ三十㎝以上で白色無地の厚手の物がよいです。金色の縁取りがあれば、なおよいです。短冊は短く切ったりしないでそのまま使用してください。

❖短冊が手に入らない場合は、硬さのある厚紙を何重にもノリで貼り重ねて自作してもよいです。寄り代には厚みが大切です。中に空洞のある段ボール紙は、供養の短冊には適していません。

❖破損したり書き損じたりした短冊は、白い紙に包んでゴミとして捨てればよいです。短冊には、供養の際に霊が一時的に寄るに過ぎないからです。

❖短冊立ては必須です。短冊の両端をしっかりとはさんで真っ直ぐに立てられる、木製の物を使用してください。木片二つに切り込みを入れて自作してもよいです。短冊を斜めに立てかけるのは厳禁です。

❖線香は、長さが十㎝以上あり、煙が多いものがよいです。香りが良いものも霊に喜ばれます。

❖線香を折ることは厳禁です。自然に折れて短くなった線香は、三本目に使用してもよいです。

❖線香器（香炉）はどんぶり・茶碗などで代用できます（無地で白い厚手のものが理想）。灰を受けるために、必ず下に大きめの皿をしいてください。

❖市販の線香灰の使用が理想ですが、入手できない場合は重曹など難燃性の物を使用してください。可燃性のコーヒーかすや穀類は危険です。また、砂や小石、金属・ガラス・塩は先祖供養には不向きです。

供養の場所

❖伝統仏教の仏壇がある場合は「○○家先祖代々の霊位」の寄り代（位牌や短冊）を仏壇の中（一番手前の置ける最下方）か、前に台を置いてその上で供養します。仏壇以外の所に台を置いて供養してもよいです。

❖仏壇や位牌が新興宗教仕様の場合は、必ずその仏壇から離れた場所で、別に短冊を用意して供養します。

❖神棚がある場所で供養をおこなう場合は、神棚よりも低い場所に置いてください。神棚の下方に寄り代を置いて供養するのが理想です。

❖供養は高さ三十～五十㎝のぐらつきの無い安定した台でおこなうことが理想です。仏壇内に寄り代を置く場合は、高さを気にしなくてよいです。

❖窓際（窓を背に寄り代を置く）や鏡に寄り代が映り込む場所は避けたほうがよいです。

❖方角は気にしなくてよいですが、理想は寄り代を北～東方向を背に置いて、人が北～東に向かい拝みます。

❖供養をおこなう場所は綺麗に片づけ、掃除をしましょう。

❖他に場所がない場合には台所で供養してもよいですが、事前の清掃が大事です。できれば供養中に換気扇はまわさないほうがよいです。線香が消えてから換気をしましょう。

❖ベランダや屋外での供養は、無縁霊が寄るので厳禁です。

❖一つの家の中で、家族が複数の場所で同時に供養をしてもよいです。

❖短期間の出張や旅行時にまで、道具を持参して供養をする必要はありません。

火災予防

❖ロウソクの使用は厳禁です。線香にはライターで火を点けます。

❖線香を捧げたらその場を離れてかまいませんが、線香が消えるまでは外出はしないで、必ず消火の確認をしましょう。

供養の時間

❖午前中に供養するのが理想ですが、他の時間帯でも（夜でも可）よいです。ただし、霊的に不安定な時間帯である、日没の前後一時間と深夜〇時から午前四時の間は避けてください。

お供え

❖線香の煙は、霊の欲しい物に変化して届きますので、法要や命日・お盆・お彼岸などを除き、食べ物のお供えはしなくてもよいです。

❖食べ物は長く置くと無縁霊が寄りやすくなります。食べる場合は三十分位で下げて早めに食べましょう。

❖お茶やお水などの液体類をお供えした場合は、飲まずに捨てましょう。

湯気供養（線香を使用できない場合）

❖霊的な効力は線香の三割ほどですが、湯気の出る熱いお茶を入れた茶碗を三つ用意して、三角形に置いて供養します。湯気供養にも寄り代（短冊や位牌）は必須です。捧げたお茶は捨てます。

供養時の注意

❖供養の際には、感謝の気持ちだけを捧げましょう。願い事をしたり、悩みを訴えたりしますと、先祖霊は不安になり、供養にならなくなります。

❖怒ったりイライラした状態の時は、供養をやめましょう。

❖供養を受けている霊を邪魔することになるので、供養中は短冊や位牌・線香・煙に触れないほうがよいです。線香を途中で消すことは厳禁です。

❖故人が現世への執着を持たないようにするために、写真は置かないほうがよいです。亡くなってすぐはよいですが、一年経てばしまって、命日などにだけ出しましょう。

❖大切なのは供養を先祖・縁ある霊的存在「全体」に捧げることです。供養が必要な他の方に届きにくくなってしまいますので、供養中に特定の故人の名前は呼びかけないほうがよいです。どうしても気になる故人がいる場合は、三本目の線香を捧げる時に心の中で故人の名前を思い、感謝をすればよいです。

❖供養に使用する短冊や位牌は常設が理想です。しまう場合は線香が燃え尽きてから一時間はそのままにしてください。火災予防の観点からは、線香器はしまわないほうがよいです。

❖供養は一日に一回、多くても二回までです。過剰な供養は不要です。

その他

❖日常で「生かして頂いて　ありがとう御座位ます」と先祖や家系の水子、内在神への感謝想起をすることもとても大切です。

❖先祖供養と自分や家族の健康や仕事・勉強・人間関係等の幸・不幸を結び付けて考えてはいけません。先祖供養は、迷い困っている霊を助けたいと思う慈悲の気持ちから「先祖のために」おこなうことです。自分のためではありません。

❖供養で大事なことは「継続」です。供養の継続は供養が届いていることの証明です。

❖先祖供養は先祖への感謝と思いやりから自発的におこなうことです。無理は不要です。先祖供養はご自分の判断と責任の上でおこないましょう。

あとがき

二〇二〇年が始まったこの時期に、本書を出版できることに感謝をしています。

人類は、第二次世界大戦後の半世紀以上にわたり、大自然を壊しながら物資文明を急成長させ、拝金主義を謳歌(おうか)してきました。その反対に、人々の精神は大切なものを見失った子どもたちのように、彷徨(さまよ)ってきたとも言えます。

そして、二〇二〇年が明けると同時に、米国とイランの闘争が始まりました。堰(せき)を切ったように、この世界が溜め込んできた負のエネルギーが放出されていくでしょう。

これから、どうなるのだろうか?

誰もがこのような不安を抱(いだ)きやすい今のこの時期にこそ、『宇宙万象　第4巻』を出版する運びになったことに、偶然の神意というものを、私は感じています。

外の世界で何が起ころうとも、私たちの平安は自分の心に在ることを、この本から感じて欲しいのです。また、自分に起こる嫌なことも、マイナス面だけを受け取らずに、因果の昇華の機会にしてしまう前向きな逞（たくま）しさを、知って頂ければ有り難いです。

この本から、私たちは死ねば終わりではないこと、見えている世界は半分に過ぎず、見えない心を大切にするべき重要性を感じて欲しく思います。見えない面も大切にすることで、見える自分の生活面が変わることを知って欲しく思います。

新年が明けた二日頃から、私の心中にはバッハの『アヴェ・マリア』の静かな旋律が流れ始めています。人類の喜怒哀楽の様相のニュースを見ましても、スローモーションの画面を見るような錯覚を起こしています。

この時に、大いなる慈悲の存在が、今の人類を愛情の目で見ていることを感じます。

私たちは、何があろうとも、何が起ころうとも、大いなる慈悲の存在に見守られながら、今を生きていることを知って欲しく思います。だから、何があっても大丈夫です。

これから、思いっ切り、生き生きと生きるヒントに、この本がなれば幸いです。

令和二年　正月の明けに

伊勢白山道

著者紹介

伊勢白山道（いせ　はくさんどう）

2007年５月「伊勢白山道」ブログを開設、2008年３月から本の出版を始め、その斬新な内容と霊的知識、実践性において日本だけでなく世界に衝撃を与え続けている。多忙な仕事のかたわら、毎日かかさず悩める人々にインターネットを介して無償で対応している。自分が生かされていることへの感謝を始めた読者の人生に起きる良い変化が、強い支持につながっている。数多くある精神世界サイトの中で、ブログランキング圧倒的第１位を長年にわたり継続中である。

著書に、伊勢白山道名義で『内在神への道』（ナチュラルスピリット刊）、『あなたにも「幸せの神様」がついている』『生かしていただいて　ありがとうございます』（主婦と生活社刊）、『内在神と共に』『森羅万象　第１巻～第10巻』（経済界刊）、『伊勢白山道問答集　第１巻～第３巻』（全３巻）『宇宙万象　第１巻～第４巻』『自分を大切に育てましょう』『今、仕事で苦しい人へ　仕事の絶望感から、立ち直る方法』『柔訳　釈尊の教え　原始仏典「スッタニパータ　第１巻・第２巻」』『伊勢白山道写真集　神々の聖地　白山篇』『伊勢白山道写真集　太陽と神々の聖域　伊勢篇』『与えれば、与えられる』『自分の心を守りましょう』（弊社刊）。
谷川太一名義で『柔訳　老子の言葉』『柔訳　老子の言葉写真集　上下巻』（経済界刊）、『柔訳　釈尊の言葉　第１巻～第３巻（原始仏典「ダンマパダ」全３巻）』（弊社刊）がある。

著者のブログ：http://blog.goo.ne.jp/isehakusandou

宇宙万象 第4巻

2020年3月6日　初版第1刷発行

著者　伊勢白山道
編集人　渡部 周
発行人　杉原葉子
発行所　株式会社 電波社
〒154-0002
東京都世田谷区下馬6-15-4
TEL　03-3418-4620
FAX　03-5432-7090
http://www.rc-tech.co.jp/

振替　00130-8-76758
印刷・製本　株式会社光邦

乱丁・落丁本は、小社へ直接お送りください。
郵送料小社負担にてお取り替えいたします。
無断複写・転載を禁じます。
定価はカバーに表示してあります。

©2020 Ise Hakusandou DENPA-SHA Co., LTD. Printed in Japan.
ISBN978-4-86490-186-4